1 VOL. | PRIX : 60 *

H^u: 7/68

Napoléon les tenant sur

Adèle

BONAPARTIANA

SOUVENIRS

DE L'EMPIRE

ou

LA FLEUR DES BONS MOTS

DE L'EMPEREUR

NAPOLÉON Ier

AUCUN HOMME

Voir l'explication page 179.

PARIS

LIBRAIRIE DE PASSARD, ÉDITEUR

7, RUE DES GRANDS AUGUSTINS

BONAPARTIANA

Le pronostic.

Le général Dugommier, accompagnant un jour Bonaparte au comité de la guerre, dit aux membres qui le composaient : « Je vous présente un officier du plus grand mérite : il ira loin ; si vous ne l'avancez pas, il saura bien s'avancer de lui-même.

Organisation de la Garde consulaire. — Revues. — Anecdotes.

Le premier consul, lors de son élection à la première dignité de la république française, n'eut rien de plus pressé que d'organiser une garde consulaire qui ne fut composée que de militaires qui s'étaient trouvés dans vingt batailles, et qui, quelque temps après, furent renforcés d'un bon nombre de soldats arrivés d'Egypte, et d'un corps de mamelucks. Cette garde, augmentée successivement de plusieurs autres corps de cavalerie, d'infanterie et d'artillerie, présenta aux Parisiens le plus imposant spectacle de ce genre qu'ils eussent encore vu. Tous les dimanches, le premier consul, accompagné d'un état-major aussi brillant que nombreux, la passait en revue. Il adressait souvent la parole aux soldats, à ceux principalement qui avaient fait avec lui les campagnes d'Italie, et l'avaient suivi dans son expédition d'Egypte. Il les appelait par leur nom, et leur demandait s'ils étaient contents du service, s'ils étaient bien nourris, si rien ne leur manquait. Sur cette dernière demande, un grenadier lui répondit: « Mon général, il me manque une épaulette d'officier. — Qu'as-tu fait pour cela ? — J'ai passé, moi quatrième, le pont de Lodi, sous le canon de l'ennemi; j'ai tué au moins dix mamelucks à la bataille des Pyramides; je me suis trouvé aux assauts de Saint-Jean d'Acre, et me voilà. — Tu me fais plaisir, envoie-moi un état de tes services, et tu seras satisfait. »

Un jour qu'il revenait d'une de ces revues, il dit à un de ses confidents: « Que pense-t-on de tout cela ? les Parisiens doivent ouvrir de grands

« yeux. — On pense, lui répondit le confident, qu'il
« n'existe pas en Europe un seul général qui puisse
« vous le disputer pour le commandement d'une
« armée, et qu'aucun souverain ne peut se flatter
« d'avoir une garde aussi brillante que la vôtre.
« Vos soldats, tout en vous donnant le nom de
« *petit Caporal*, vous suivraient jusqu'au bout de
« l'univers. — Je sais depuis long-temps que ces
« vieilles moustaches ne parlent de moi, dans leurs
« casernes et leurs guinguettes, qu'en m'appelant
« de ce nom. Je connais leur bon esprit, ils ne me
« trahiront pas. »

Belle pensée de Napoléon.

« Les qualités militaires, disait l'empereur, ne
sont nécessaires que dans quelques circonstances et
dans quelques moments. Les vertus civiles, qui ca-
ractérisent le vrai magistrat, ont une influence de
tous les moments sur la félicité publique. »

Sujet d'orgueil pour le Peuple.

Nous croyons devoir rappeler ici les principaux
acteurs de la grande et magnifique épopée nationale dont Napoléon fut le héros, qui commença
aux plaines de Valmy et finit aux champs de Waterloo. C'est avec un juste orgueil que l'homme du
peuple peut parcourir cette liste de rois, ducs, princes
et maréchaux sortis de son sein.

Augereau, duc de Castiglione, fils d'un marchand fruitier de Paris, soldat en 1792, général en
1794.

Bernadotte, roi de Suède, fils d'un avocat de
Pau, soldat.

Berthier, prince de Neufchâtel et de Wagram, fils d'un concierge de l'hôtel de la guerre.

Bessières, duc d'Istrie, fils d'un bourgeois de Preissac, soldat en 1792, capitaine en 1796, maréchal en 1809.

Brune, fils d'un avocat de Brives, imprimeur, soldat.

Jourdan, fils d'un bourgeois de Limoges.

Kléber, fils d'un bourgeois de Strasbourg.

Kellermann, duc de Valmy, fils d'un bourgeois de Strasbourg, soldat.

Lannes, duc de Montebello, fils d'un teinturier de Lectoure (Gers), soldat en 1792, général de division en 1800, maréchal en 1804.

Lefebvre, duc de Dantzick, fils d'un ancien hussard de Rousffach, soldat.

Masséna, prince d'Essling, fils d'un marchand de vin de Nice, soldat.

Moncey, duc de Conégliano, fils d'un avocat de Besançon, soldat.

Mortier, duc de Trévise, fils d'un négociant de Cateau-Cambrésis, garde national.

Murat, roi de Naples, fils d'un aubergiste de la Bastide, près de Cahors, chasseur à cheval en 1790.

Ney, prince de la Moskowa, fils d'un tonnelier de Sarrelouis, hussard en 1787, général en 1796.

Oudinot, duc de Reggio, fils d'un marchand de Bar, soldat.

Pérignon, fils d'un bourgeois de Grenade, soldat.

Serrurier, fils d'un bourgeois de Laon, soldat.

Soult, duc de Dalmatie, fils d'un paysan de Saint-Amand, près de Castres, soldat.

Suchet, duc d'Albuféra, fils d'un fabricant de Lyon, soldat.

Victor Perrin, duc de Bellune, garçon de boutique à Troyes, fifre, soldat, etc., etc.

Tels sont les principaux et plus célèbres lieutenants de Napoléon; presque tous partis soldats, ils trouvèrent dans leur giberne l'épée de général, le bâton de maréchal, même le sceptre de roi.

Louable fermeté de l'Empereur.

Un jeune homme s'étant rendu criminel par un excès de jalousie, sa famille eut recours à Joséphine, qui se détermina à solliciter sa grâce auprès de son auguste époux. — C'est la première que je vous demande, lui-dit-elle, et vous me l'accorderez. — Je ne le puis, répondit-il. — Vous me la refusez? à moi! — Oui, Madame, quand on saura que c'est à vous que je ne l'ai pas accordée, personne n'osera la demander.

Napoléon faussement accusé de matérialisme.

Napoléon aimait beaucoup à parler de religion, quoiqu'il n'eût à ce sujet que des idées assez vagues. « Je l'ai vu très souvent, dit M. de Bourrienne à Passeriano, en Egypte, à bord de l'*Orient* et de la *Muiron*, prendre une part très active à des conversations animées sur cette matière. Il cédait volontiers sur tout ce qu'on lui prouvait, et sur ce qui lui paraissait venir des hommes et du temps; mais il ne voulait pas entendre parler de matérialisme. Je me rappelle qu'une nuit étant sur le pont par **un temps** magnifique, entouré de quelques personnes qui discutaient en faveur de ce dogme affligeant, Napoléon, élevant sa main vers le ciel et montrant les astres, leur dit : *Vous avez beau dire, Messieurs; qui a fait tout cela?*

Napoléon et M. de Talleyrand.

Lors de la disgrâce du prince de Bénévent, on parlait en présence de Napoléon de l'immense fortune de ce diplomate : *Rien n'est moins surprenant que son opulence*, répondit l'empereur : *Talleyrand vend tous ceux qui l'achètent.* Napoléon qui, en 1810, s'exprimait ainsi sur le compte de M. de Talleyrand, savait bien qu'il l'avait quelque peu acheté; mais il était loin de prévoir, qu'en 1814, ce bon M. de Talleyrand le vendrait à son tour.

Franchise de Bonaparte.

Bonaparte, premier consul, étant à la Malmaison, se promenait dans les jardins avec madame de Clermont-Tonnerre, depuis madame de Talaru, dont la conversation charmante lui plaisait infiniment. Tout à coup il l'interrompit brusquement, et lui dit : « *Madame de Clermont-Tonnerre, qu'est-ce que vous pensez de moi?* » L'interpellation imprévue rendait la réponse délicate et difficile. « *Mais, général,* lui dit-elle, après un court moment d'hésitation, *je pense que vous ressemblez à un architecte habile qui ne veut laisser voir le monument qu'il érige que quand il sera entièrement construit. Vous bâtissez derrière un échafaudage que vous ferez tomber quand vous aurez fini. — Oui, Madame, c'est bien cela,* lui dit Bonaparte avec vivacité, *vous avez raison !..... Je ne vis jamais que dans deux ans !* »

Le Refus impertinent.

Le poète Ducis refusa la place de sénateur avec un traitement de 36,000 fr. Un de ses amis lui demandant pourquoi il n'acceptait pas la toge sénatoriale ; il répondit : « *Je ne pourrais jamais porter cette casaque là.* » Des gens, par trop officieux, rapportèrent ce propos à l'Empereur, qui ne dit que ces mots : « *C'est une impertinence ; mais les dires des poètes ne tirent pas à conséquence.* »

L'Indécence du Courage.

A la bataille d'Austerlitz, Napoléon entendant battre la charge dans un ravin, envoya un de ses aides-de-camp s'assurer de ce que c'était. Quelle fut la surprise de cet officier en voyant quatre fantassins commandés par un chasseur à cheval, ayant à leur tête un tambour à peine âgé de quinze ans, qui les menait au pas de charge sur une pièce de canon défendue par une douzaine d'hommes. Il revint tout de suite en rendre compte à l'Empereur. » *Courez vite*, lui dit-il, *et faites retirer ces étourdis.* « L'aide-de-camp retourne vers les six téméraires, et les somme, au nom de l'Empereur, de se retirer. « *Le bon Dieu bénisse votre Empereur*, s'écrie l'un d'eux, *c'est une pièce de canon qu'il nous vole comme s'il nous la prenait dans notre poche. Regardez donc, notre officier, il n'y a pas là plus de dix hommes.* » Cet étrange propos, rapporté à l'empereur ; le fit rire de bon cœur. C'é-

tail vraiment, dit-il à son état-major, *l'indécence du courage.*

Le scrupule.

Quelqu'un recommandait avec chaleur à Napoléon M. Girault, curé de Corvol, près de Clamecy : « C'est un homme, lui disait-on, d'une piété rigide et digne d'exercer dans la capitale. La rigidité de ses mœurs est telle, qu'il ne voulut point se servir d'une selle qu'une dame avait montée, à moins que le sellier Perin n'y mît de nouvelles bourres, et ne la recouvrît à neuf. — *C'est là*, répondit l'empereur, *son genre de piété? Hé bien! qu'il reste dans son village, il se pervertirait à Paris.*

La citation faite à propos.

Le soir de la bataille de Marengo, Bonaparte dit à son aide-de-camp Lacuée, qui lui faisait un rapport : « Hé bien! jeune homme, que dis-tu de la journée ? » Ma foi, général, j'ai vu l'heure où nous étions rossés d'importance. » Bonaparte aussitôt lui réplique, avec le ton de l'enthousiasme, par ces quatre vers de la *Mort de Pompée :*

J'ai servi, commandé, vécu quarante années :
Du monde entre mes mains j'ai vu les destinées
Et j'ai toujours connu qu'en tout évènement,
Le destin des États dépendait d'un moment.

Il eût fallu le voir alors, disait le jeune Lacuée; Talma n'eût pas été plus beau que n'était Bonaparte en ce moment.

L'art d'enthousiasmer le soldat.

L'institution des sabres et des fusils d'honneur par Bonaparte, premier consul, n'était qu'une préparation à la fondation de la Légion-d'Honneur. Un sergent de grenadiers, nommé Léon Aune, ayant été compris dans la première distribution, écrivit au premier consul pour le remercier. Bonaparte voulut lui répondre ostensiblement, et dicta pour Aune la lettre suivante :

« J'ai reçu votre lettre, *mon brave camarade;* vous n'avez pas besoin de me parler de vos actions, vous êtes le plus brave grenadier de l'armée depuis la mort du brave Benezette. Vous avez eu un des cent sabres que j'ai distribués à l'armée. Tous les soldats étaient d'accord que c'était vous qui le méritiez davantage.

« Je désire beaucoup vous revoir. Le ministre de la guerre vous envoie l'ordre de venir à Paris. »

Cette lettre à Aune ne pouvait manquer de circuler dans l'armée. Un sergent que le premier consul, que le premier général de la France appelle *mon brave camarade*, il n'en fallait pas davantage pour enthousiasmer l'armée.

La poste et la police.

Napoléon disait à un officier qu'il fallait correspondre avec lui sous des formes commerciales, et ajoutait, pour calmer ses inquiétudes, de ce que la poste pourrait deviner leur correspondance. — « Croyez-vous donc que la poste s'amuse à ouvrir toutes les lettres? elle n'y suffirait pas. J'ai cherché

à connaître les correspondances cachées sous le
masque de la banque, et je n'ai jamais pu y parvenir. Il en est de la poste comme de la police : on
n'attrape que les sots. »

Le grand Corneille.

Le prix d'un pâté.

Un jour que Napoléon déjeûnait avec l'impératrice, il demanda à une des dames qui y assistaient, ce que pouvait coûter un pâté chaud qui était sur la table. « Douze francs pour votre majesté, lui dit-elle en souriant, et six francs pour un bourgeois de Paris. » « C'est-à-dire que je suis volé ! » reprit Napoléon. « Non, sire, mais il est assez d'usage qu'un roi paie tout plus cher que ses sujets. » « C'est ce que je n'entends pas, s'écria-t-il vivement; et j'y mettrai bon ordre. » Effectivement, il entrait dans des détails d'économie intérieure, que négligent souvent bien des particuliers.

Corneille apprécié par Bonaparte.

Bonaparte était insensible aux charmes de l'harmonie poétique; il n'avait pas même assez d'oreille pour sentir la mesure des vers, et il n'en pouvait pas réciter un sans en altérer le mètre; mais les grandes pensées le charmaient; il idolâtrait Corneille; et cela au point qu'un jour, après une représentation de *Cinna*, il dit à M. de Bourienne : *Si un homme comme Corneille vivait de mon temps, j'en ferais mon premier ministre; ce ne sont pas ses vers que j'admire le plus, c'est son grand sens, sa grande connaissance du cœur humain, c'est la profondeur de sa politique.*

Le vieil habit.

Un soldat mécontant montra un jour à Bonaparte son habit entièrement usé, dont les lambeaux le couvraient à peine, et lui en demanda un neuf avec assez d'humeur. *Un habit neuf*, répond le général, *tu n'y songes pas, on ne verrait pas les blessures.*

Vie de Napoléon à l'armée.

La vie de Napoléon à l'armée était simple et sans éclat. Tout individu, quel que fût son grade à l'armée, avait le droit de l'approcher et de lui parler de ses intérêts; il écoutait, questionnait et prononçait au moment même : si c'était un refus, il était motivé et de nature à en adoucir l'amertume. Jamais on ne pouvait, sans admiration, voir le simple soldat quitter son rang, lorsque son régiment défilait devant l'empereur, s'approcher d'un pas grave, mesuré, et présenter les armes, venir jusqu'auprès de lui. Napoléon prenait toujours la pétition, la lisait en entier, et accordait toutes les demandes justes.

Ce noble privilége qu'il avait accordé à la bravoure et au courage, donnait à chaque soldat le sentiment de sa force et de ses devoirs, en même temps qu'il servait de frein pour contenir ceux des supérieurs qui auraient été tentés d'abuser du commandement.

Beau mouvement d'éloquence militaire.

Bonaparte, nommé général en chef de l'armée d'Italie, se sépara de son épouse et se rendit à Nice le 21 mars 1796. Prêt à attaquer un ennemi formidable avec une armée indisciplinée et dénuée de toute ressource, il s'écria, à l'imitation de l'illustre général Carthaginois :

« *Camarades, vous manquez de tout au milieu de ces rochers ; jetez les yeux sur les riches contrées qui sont à vos pieds ; elles nous appartiennent ; allons en prendre possession.* »

Le président Séguier.

Lorsque M. Séguier fut nommé président de la cour d'appel de Paris, on le présenta à l'empereur, qui ne le connaissait pas encore ; celui-ci, qui le croyait plus âgé, ne put s'empêcher de témoigner de la surprise. « Monsieur Séguier, lui dit-il, vous êtes bien jeune. » « Sire, lui répliqua le spirituel magistrat, j'ai l'âge qu'avait votre majesté quand elle gagna la bataille de Marengo. »

Bonaparte couronné par madame de Montesson.

Aussitôt que Bonaparte fut élevé au consulat, il fit dire à madame de Montesson (1) de se rendre aux Tuileries. Dès qu'il la vit, il alla au devant d'elle, et la pria de demander tout ce qui pourrait lui plaire.

« — Mais, général, je n'ai aucun droit à tout ce que vous voulez m'offrir.

« — Vous ne savez donc pas, Madame, que j'ai

(1) On sait que madame de Montesson avait été mariée secrètement au duc d'Orléans.

2

reçu de vous ma première couronne? Vous vîntes à Brienne avec M. le duc d'Orléans distribuer les prix, et en posant sur ma tête le laurier *précurseur* de quelques autres : *Puisse-t-il vous porter bonheur!* me dites-vous. Je suis. dit-on, fataliste, Madame, ainsi il est tout simple que je n'aie pas *oublié* ce dont vous ne vous souvenez plus. Je serai charmé de vous être utile ; d'ailleurs, le ton de la bonne compagnie est à peu près perdu en France ; il faut qu'il se retrouve chez vous. J'aurais besoin de quelques traditions, vous voudrez bien les donner à ma femme.

Opinion de Napoléon sur la cour.

Lorsque l'on donna sur le théâtre des Tuileries la représentation *d'Agamemnon*, tragédie de M. Lemercier, Napoléon dit à l'auteur : « Votre pièce ne vaut rien. De quel droit ce *Strophus* (2) fait-il des remontrances à *Clytemnestre?* ce n'est qu'un valet. — Non, sire, lui répondit M. Lemercier, *Strophus* n'est point un valet, c'est un roi détrôné, ami *d'Agamemnon.* — « Vous ne connaissez donc guère les cours, reprit Napoléon : *à la cour, le monarque seul est quelque chose, les autres ne sont que des valets.* »

Augereau.

Le premier consul estimait Augereau comme bon militaire : « C'est un brave très propre à déterminer une action ; mais sa grosse franchise me déplaît.

(1) Un des personnages de la pièce.

Nous ne nous entendons que sur un champ de bataille; il ne vaut rien pour être courtisan. »

La Mule.

Le premier consul gravit le Saint-Bernard sur une belle mule qui appartenait à un riche propriétaire de la vallée; elle était conduite par un jeune et vigoureux paysan, dont il se plaisait à provoquer les confidences. « Que te faudrait il pour être heureux? lui demanda-t-il au moment d'atteindre le sommet de la montagne. — Ma fortune serait faite, répondit le modeste villageois, si la mule que vous montez était à moi. » Le premier consul se mit à rire, et ordonna, après la campagne, lorsqu'il fut de retour à Paris, qu'on achetât la plus belle mule qu'on pourrait trouver, qu'on y joignît une maison avec quelques arpents de terre, et qu'on mît son guide en possession de cette petite fortune. Le bon paysan, qui ne pensait déjà plus à son aventure, ne connut qu'alors celui qu'il avait conduit au Saint-Bernard.

Les Armes de France.

Lors de la séance du 23 prairial, tenue à Saint-Cloud, et relative aux cérémonies du couronnement, il fut question de fixer les armes de France; une commission s'était décidée pour le coq.

« Non, non, dit Bonaparte; le coq est un animal trop faible; il est de basse-cour, il ne peut être l'image d'un empire comme la France. Il faut choisir entre l'aigle, l'éléphant et le lion. Il faut pren-

2

dre un lion étendu sur la carte de la France, la patte prête à dépasser le Rhin, avec ces mots: *Malheur à qui me cherche!*

On hait les flatteurs, on aime la flatterie.

Napoléon, affectant de mépriser les flatteurs, n'était pas insensible à la flatterie; témoin cet impromptu qu'il avait gardé soigneusement et qu'il communiqua à plusieurs de ses courtisans:

> Fiers de te célébrer, que de rimeurs divers
> Affligent à l'envi nos yeux et nos oreilles!
> Ils ont fait en six jours autant de mauvais vers
> Qu'en six mois ton génie enfanta de merveilles.

La Selle d'or.

Napoléon ayant reçu des plaintes sur la mauvaise qualité ou confection des selles et harnais de sa garde, dit un jour au général Bessières: « Le commissaire a raison de refuser cette fourniture, s'il la trouve mauvaise.—Ce n'est pas là le cas, répondit Bessières, c'est une pure méchanceté de la part du commissaire. La fourniture est bonne, et les fournisseurs demandent à être admis à le prouver. Ce sont d'honnêtes gens, mes compatriotes, et je m'intéresse à eux. Si leur demande n'était pas juste, je serais le premier à la repousser. » Bessières avait prononcé cette défense des fournisseurs d'un ton plein de chaleur; Napoléon lui dit en souriant: « Ne répétez pas cela à d'autres, car on dirait que vos protégés, pour faire passer leurs selles, vous en ont donné une d'or. »

Un Hasard singulier.

Le jour de l'installation de Napoléon au trône, on éleva un énorme ballon portant une vaste couronne, qui alla précisément tomber à Rome sur le tombeau de Néron. Le chef du gouvernement s'informa de ce qu'elle était devenue, et force fut de le lui apprendre avec tous les ménagements possibles. On s'attendait à de l'humeur; il répondit seulement : *Eh bien! je l'aime mieux là que dans la boue.*

La Mer Rouge.

En Égypte, Bonaparte, dans un moment de loisir et d'inspection du pays, profitant de la marée basse, traversa la Mer Rouge à pied sec, et gagna la rive opposée. Au retour, il fut surpris par la nuit, et s'égara au milieu de la mer montante; il courut le plus grand danger, et faillit périr précisément de la même manière que Pharaon. « Ce qui n'eût pas manqué, dit gaîment Bonaparte, de fournir à tous les prédicateurs de la chrétienté un texte magnifique contre moi. »

Le Distique.

Feu le poète Théveneau déjeunait chez M. Lemercier, auteur de la tragédie d'Agamemnon, avec les deux MM. Colbert, aides-de-camp du général Bonaparte. Le verre à la main, on lui proposa

d'être l'historiographe de ce célèbre guerrier. Théveneau avale une huître, boit un coup, et répond :

Qui prêtera jamais, pour tracer son histoire,
Une plume à Clio ? — L'aile de la Victoire.

Il ne se contenta pas de cet impromptu, et il mit
en vers latins ce distique, dont il a fait un dialogue
entre le poète et Clio :

POETA.

Quâ poteris penná tot scribere, Musa, triumphos ?

CLIO.

Ex alis trahit ipsa mihi Victoria pennam.

Le poète Theveneau ne travailla pas en vain ; il
reçut de la munificence de Bonaparte une gratifi-
cation pécuniaire, dont il avait grand besoin, car
l n'était pas heureux.

Allocutions militaires.

Napoléon passant en revue le second régiment de
chasseurs à cheval, à Lobenstein, deux jours avant
la bataille d'Iéna, demanda au colonel : « Combien
d'hommes présents ? — Cinq cents, répond le colonel, mais parmi eux beaucoup de jeunes gens. —
Qu'importe, lui dit l'empereur d'un air qui mar-
quait sa surprise d'une pareille observation, ne
sont-ils pas tous Français ?... » Puis se tournant
vers le régiment, il ajouta : « Jeunes gens, il ne
faut pas craindre la mort ; quand on ne la craint
pas, on la fait rentrer dans les rangs ennemis. » Et
le mouvement de son bras exprimait vivement l'ac-

tion dont il parlait. A ces mots, on entendit comme un frémissement d'armes et de chevaux, et un soudain murmure d'enthousiasme, précurseur de la victoire mémorable qui, quarante-huit heures après, renversa la colonne de Rosbach.

— A la bataille de Lutzen, la plus grande partie de l'armée se trouvait composée de conscrits qui n'avaient jamais combattu. L'Empereur, au plus fort de l'action, parcourait en arrière le troisième rang de l'infanterie, le soutenant parfois de son cheval en travers, et criant à ces jeunes soldats : « Ce n'est rien, mes enfants, tenez ferme ; la patrie vous regarde : sachez mourir pour elle. »

Barrère.

On demandait à Napoléon comment il était possible que Barrère eût échappé sain et sauf aux diverses secousses de la révolution? « Parce que, répondit-il, Barrère n'avait pas de caractère prononcé. C'était un homme qui changeait de parti à volonté et les servit tous successivement. Il passe pour avoir du talent, je ne l'ai pas jugé ainsi. Je me suis servi de sa plume ; il n'a pas montré beaucoup d'habileté, il employait volontiers les fleurs de rhétorique, mais ses arguments n'avaient aucune solidité ; rien que *coglioncrie*, enveloppée dans des terme élevés et sonores.

Procès du général Moreau.

On sait que le procès fait au général Moreau occupa tout Paris ; le Palais de Justice et ses avenues étaient, dès la pointe du jour, assiégés par une foule délibérante que la présence des troupes parvenait difficilement à contenir. La hardiesse et la publicité des opinions imprimaient à cette affaire le caractère d'un grand intérêt national. Frappé de cette étonnante expression de la pensée, qui partageait la capitale entre le chef du gouvernement et un accusé, le premier consul chargea le colonel Sébastiani d'aller confidentiellement s'informer auprès de l'un des juges, M. de la Guillaumye, ancien intendant de Corse, de l'issue que pourraient avoir les débats. Ce magistrat lui dit que Moreau était coupable; mais que les preuves manquaient pour une conviction pleine et entière; que d'ailleurs la force de l'opinion publique combattait leur autorité, qu'il ne prévoyait pas que Moreau pût être condamné à une autre peine qu'à une détention limitée. « *La Guillaumye a raison*, dit Bonaparte au colonel : *les Parisiens sont toujours pour les accusés. Quand Biron fut condamné à mort par le parlement bien justement comme traître, on fut obligé de doubler la garde, et de le faire exécuter à huis-clos à l'Arsenal.* » Un général présent à cet entretien représenta au premier consul qu'il aurait été bien plus simple de traduire Moreau devant une commission militaire : « *Je ne l'ai pas fait*, répondit Bonaparte, *pour sauver votre tête et la mienne.* »

Quelque temps après, comme l'affaire approchait de sa conclusion, le conseiller Clavier, qui figurait également au nombre des juges de Moreau, fut aussi pressenti sur le jugement. On lui assura que l'intention du premier consul, si le tribunal prononçait la peine de mort, était de faire grâce à Moreau : *Qui me la fera à moi ?* répliqua-t-il brusquement.

Bataille de Marengo.

L'action s'engage, les balles sifflent : une grêle de boulets décime les soldats, le sang coule ; soudain l'aile gauche de l'armée française chancelle et se replie en désordre..... Bonaparte arrive : c'est le lion blessé par les chasseurs de la Nubie ; il se précipite au travers des torrents de poudre, se confiant tout entier dans son *destin*, qui épargne même d'une manière miraculeuse le sang de toute son escorte ; les phalanges se pressent et reprennent à sa vue un aspect imposant : le regard du grand homme verse un nouveau feu dans les veines du soldat. Cependant, Berthier vient lui annoncer qu'une autre division pliait : Bonaparte, sans se troubler, lui répond : « *Vous ne m'annoncez pas cela de sang-froid, général !* » Aussitôt il rassemble toutes les forces de son âme, parcourt les rangs, et son génie lui répond de la fortune : « *Soldats !* s'écrie-t-il soudain comme un prophète inspiré, *souvenez-vous que mon habitude est de coucher sur le champ de bataille !...* » Le signal de la victoire est donné, tous les tambours-majors font battre ce terrible pas de charge qui a fait faire aux drapeaux français le tour de l'Europe : les bataillons autrichiens sont enfoncés, l'artillerie vomit la mort ; Murat, Kellermann, redoublent d'audace ; Desaix, l'infortuné Desaix, à qui appartient la moitié de la couronne de cette victoire, se précipite avec sa division de réserve, réunit à son tourbillon tous les fuyards, fait mettre bas les armes à six mille grenadiers hongrois. Hélas! c'est au moment de son triomphe que ce héros est atteint d'une balle mortelle. Avant d'expirer il dit au jeune Lebrun, aide-de-camp : « *Allez dire au premier consul que je meurs avec le regret de n'avoir pas assez fait pour la patrie !* » — A ces mots, Bonaparte se recueille dans sa douleur : « *Pourquoi, s'écrie-t-il, ne m'est-il pas permis de pleurer?* »

La Romance.

Dans une fête donnée par le consul Cambacérès, le 18 vendémiaire an IX, pour célébrer l'anniversaire de l'arrivée de Bonaparte à Fréjus, le 18 vendémiaire an VIII, on chanta une romance traduite du provençal, par le chevalier Boufflers, dont voici le troisième couplet :

> Sous cet air et ce maintien calmes,
> Voyez ce guerrier fier et doux,
> Qui revient du pays des palmes
> Planter l'olive parmi nous ;
> Tranquille au fort de la tempête,
> Et modéré dans le bonheur,
> Si la victoire est dans sa tête,
> Il porte la paix dans son cœur.

C'est ainsi qu'à cette époque on préludait aux adulations exagérées qu'on devait multiplier au conquérant de l'Italie.

La soif de la gloire.

Jamais homme ne s'empara au même degré que Bonaparte de l'esprit de ses soldats. Tous connaissaient sa soif pour la gloire, et chacun s'empressait d'en présenter la coupe enivrante à ses lèvres, dût cette même coupe être remplie de leur sang.

Que cette pensée de ce carabinier blessé à Marengo, peint bien encore l'idée que la troupe avait de son chef! Etendu dans un fossé, sur la route de Milan, au moment où Bonaparte, vainqueur, se dirigeait avec tout son état-major vers cette ville : « *On t'en a donné de la gloire aujourd'hui, j'espère*, s'écria le carabinier, *tu dois être content !!!...* »

Bon mot au général Rapp.

Un jour que ce général demandait à l'empereur de l'avancement pour deux officiers : « Je ne veux plus, lui répondit Napoléon, en donner tant; ce diable de Berthier m'en a trop fait faire. » Puis se tournant vers Lauriston : « N'est-ce pas, Lauriston, que de notre temps on n'allait pas si vite? je suis resté bien des années lieutenant, moi! — Cela se peut, Sire, répliqua Rapp; mais depuis, vous avez bien rattrapé le temps perdu. » Napoléon rit beaucoup de cette répartie, et accorda ce qu'on lui demandait.

Bonaventure Bonaparte.

Il y avait jadis un Bonaventure Bonaparte qui vécut et mourut dans un cloître. Le pauvre homme reposait tranquillement dans sa tombe, et on n'y songeait plus lorsque Napoléon Bonaparte monta sur le trône de France. Alors, les courtisans s'avisèrent de se rappeler que ce moine possédait de son vivant des vertus et des qualités auxquelles personne n'avait pensé auparavant, et on proposa à l'empereur de le faire canoniser : « Pour l'amour de Dieu, répondit-il, épargnez-moi ce ridicule! Comme le souverain pontife est en mon pouvoir, on ne manquerait pas de dire que je l'ai forcé à faire un saint d'un des membres de ma famille. »

La mort de Duroc.

Ce fut à la journée de Bautzen qu'un boulet vint frapper, à l'abdomen, Duroc. La perte de ce fidèle serviteur mit le comble à l'affliction de l'empereur : « Duroc, lui dit-il, il est une autre vie; c'est là que vous irez m'attendre, et que nous nous reverrons. »

On a prétendu que Napoléon était athée : les dernières paroles adressées à Duroc démontrent le contraire.

Question à Grétry.

Bonaparte n'aimait point Grétry, et lui, qui avait à un degré si supérieur la mémoire des noms, il feignait toujours, lorsque l'occasion amenait devant ses yeux notre célèbre compositeur, de ne pas se rappeler son nom, voulant montrer par là le peu d'importance qu'il attachait à un musicien. Un jour, Grétry se trouvant faire partie de la députation de l'Institut, qui était venu le féliciter au retour d'une de ses campagnes, Bonaparte l'aperçoit, traverse la foule, et renouvelle son éternelle question : « Comment vous appelez-vous ? — Toujours Grétry, Sire. »

M. de Comminges.

L'empereur fit venir un jour M. de Comminges, qui avait été avec lui à l'Ecole Militaire :

« — Qu'avez-vous fait pendant la Révolution ? avez-vous servi ?

« — Non, Sire.

« — Vous avez-donc suivi les Bourbons dans leur exil ?

« — Oh ! non, Sire, je suis resté chez moi à cultiver une petite terre.

« — Sottise de plus, Monsieur : il fallait, dans ces temps de trouble, payer de sa personne, d'une manière ou d'une autre... Que voulez-vous faire maintenant ?

« — Sire, une modeste place dans l'octroi de ma petite ville, comblerait.....

« — C'est bon, Monsieur, vous l'aurez, et restez-y. Est-il possible que j'aie été le camarade d'un pareil homme ! dit l'empereur en le quittant. »

Les journaux.

« Lorsque je débarquai à Cannes, disait l'empereur dans une conversation qu'il eut à Sainte-Hélène, les journalistes insérèrent dans leurs feuilles des articles qui commençaient ainsi : « *Rébellion de Bonaparte !* » Cinq jours après : « *Le général Bonaparte est entré à Grenoble !* » Onze jours plus tard : « *Napoléon a fait son entrée à Lyon !* » Enfin vingt jours après : « *L'empereur est arrivé aux Tuileries !* » D'après cela, allez chercher l'opinion publique dans les journaux. »

Le géant et le pygmée.

« Je ne sais comment cela se fait, disait Napoléon ; M. B...... est un géant, il a six pieds, je n'en ai que cinq, et toutes les fois qu'il me parle, je suis obligé de me baisser pour l'entendre. »

Bonaparte et le mathématicien La Grange.

La Grange était un jour à La Malmaison, quand Bonaparte, encore consul, se disposait à se faire empereur. Une certaine familiarité était encore permise aux personnes admises dans le salon de Joséphine. La conversation étant tombée sur les encouragements que les gouvernements doivent aux lettres, aux sciences et aux arts ; on parla naturellement du siècle de Louis XIV : « Eh bien ! dit Bonaparte, Louis XIV, après tout, qu'est-ce qu'il a fait pour les hommes célèbres de son siècle? presque rien. A *Corneille*, à *Racine*, qu'a-t-il donné? de petites pensions ; à *Racine*, une place d'historiographe ; à *Molière*, une pension de mille livres, avec un titre de valet de chambre. Aucun d'eux n'a eu de place dans son gouvernement. Moi je fais bien plus pour les sciences ; j'ai fait *Monge* et *Berthollet* sénateurs ; *Chaptal* est sénateur ; vous même *La Grange*, vous êtes sénateur.

La Grange, dont le mérite était trop grand pour avoir de l'orgueil, ou pour affecter une fausse modestie, lui répondit avec une naïveté digne de La Fontaine : « Vous avez eu raison, général ; quand vous nous avez appelés au Sénat, vous saviez bien ce que vous faisiez ; vous avez pensé que, dans les premiers temps, il fallait y mettre des noms capables de le rendre recommandable. »

L'heureux pressentiment.

Quelques jours avant son entrée à Berlin, Napoléon fut surpris par un orage, sur la route de Postdam. Il était si violent et la pluie si abondante, que l'empereur fut obligé de se réfugier dans une maison voisine. Enveloppé dans sa capote grise, il fut bien étonné de voir une jeune femme que sa présence faisait tressaillir : c'était une égyptienne, qui avait conservé pour lui cette vénération religieuse que lui portaient les Arabes. Veuve d'un officier de l'armée d'Orient, la destinée l'avait conduite en Saxe, dans cette même maison, où elle avait été accueillie. L'empereur lui donna une pension de 1,200 fr., et se chargea de l'éducation d'un fils, seul héritage que lui eût laissé son mari : « C'est la première fois, dit Napoléon aux officiers de sa suite, que je mets pied à terre pour éviter un orage; j'avais le pressentiment qu'une bonne action m'attendait là.

Paesiello.

L'impératrice Joséphine assistait un jour, à Saint-Cloud, avec l'empereur, à une représentation des *Zingari del Fiera*, de Paisiello, qui était dans la loge avec LL. MM. On avait intercalé dans cet ouvrage, un air superbe de Cimarosa.

Napoléon, passionné de la musique italienne, qu'il voulait remettre à la mode, s'extasiait à chaque morceau, et faisait à Paisiello des compliments d'autant plus flatteurs, qu'on savait que la bouche qui les prononçait n'en était pas prodigue. Enfin, après le morceau dont nous avons parlé, l'empereur se retourne et dit avec transport, en prenant la main de Paisiello : « Ma foi, mon cher, l'homme qui a composé cet air, peut se proclamer le plus grand compositeur de l'Europe. — Il est de Cimarosa, articula faiblement Paisiello. — J'en suis fâché, mais je ne puis reprendre ce que j'ai dit. »

Les 365 manières d'apprêter un poulet.

Un jour, à déjeûner (c'était quelque temps après son mariage), Napoléon, après avoir mangé avec sa volubilité habituelle une aile de poulet à la tartare, se tourna vers M. de Cussy, qui assistait en personne à tous ses repas, et le dialogue suivant s'établit entre eux : « Diable ? j'avais toujours trouvé la chair du poulet fade et plate; celui-ci est excellent. — Sire, si votre majesté le permettait, j'aurais l'honneur de lui servir chaque jour un poulet apprêté d'une manière nouvelle? — Comment, M. de Cussy, vous possédez trois cent soixante-cinq façons spéciales d'apprêter un poulet? — Oui, Sire, et peut-être votre majesté prendra-t-elle goût, après en avoir essayé, à la science gastronomique. Les grands hommes l'ont de tout temps encouragée ; et sans vous citer Frédéric, qui avait attaché exclusivement un cuisinier à la confection de chaque mets particulier, je pourrais invoquer à l'appui de mon assertion tous les noms que la gloire a immortalisés. — Bien, M. de Cussy, nous en essaierons. »

L'empereur mangea le lendemain son aile de poulet avec attention ; le troisième jour, il y mit de l'intérêt ; bientôt, il admira les ressources prodigieuses de l'art, et finit insensiblement par y prendre goût. Les dîners durèrent un peu plus longtemps ; des cuisiniers suivirent l'empereur dans ses campagnes, et lorsque l'Angleterre fit peser sur lui une inhumaine captivité, il a dû quelques instants d'oubli, de gaîté et de repos, à la gastronomie qui finit toujours par reprendre ses droits sur les âmes trempées pour apprécier tout ce qui est beau, bon et utile.

L'adroit flatteur.

Le marquis de Fontanes mettait le talent de Le Kain hors de toute comparaison. Napoléon lui dit, lorsque Talma eut joué le rôle de Manlius : « Eh bien ! Le Kain vous paraît-il encore au-dessus de Talma ? — Sire, j'ai vu de nos jours surpasser Alexandre et César ; mais je regarde comme impossible de surpasser Le Kain. » M. de Fontanes se trompait : lui-même le surpassait comme comédien.

Ce serait par trop de besogne.

Dans un bal masqué qui eut lieu chez la reine de Naples, une dame en domino, excitée par la jalousie, dévoila à un général de Napoléon l'amour que sa femme avait pour le roi de Naples. Le mari furieux alla se plaindre à l'empereur : « Hé, mon cher, lui dit Napoléon en souriant, je n'aurais pas le temps de m'occuper des affaires de l'Europe, si je me chargeais de venger tous les cocus de ma cour. »

3

Desaix.

« Desaix est de tous les généraux que j'ai eus sous moi, disait Napoléon, celui qui a montré le plus grand talent : il aimait la gloire pour elle-même, et méprisait toute autre chose; sa mort fut une perte irréparable pour la France. Il était droit et honnête homme; aussi les Arabes l'avaient appelé le *Sultan juste.* »

Supercherie ingénieuse de Méhul à Bonaparte.

A l'époque où *Ariodant, Euphrosine, Stratonice,* musique de Méhul, obtenaient le plus de succès, le consul répétait sans cesse à ce compositeur, que ses ouvrages étaient fort beaux, sans doute, mais qu'ils ne contenaient pas de chants comparables à ceux des maîtres italiens : « De la science, et toujours de la science, voilà ce que vous nous donnez, mon cher; mais de la grâce, des chants et de la gaîté, voilà ce que vous autres Français n'avez pas plus que les Allemands. »

Méhul ne répondit rien, mais il fut trouver son ami Marsollier, et le pria de lui faire un petit acte bien gai, dont le canevas fût assez absurde pour qu'on pût accuser un poète *de Libretto* de l'avoir fait. Il lui recommanda le plus grand secret.

Marsollier se mit à l'œuvre, et fit très promptement l'opéra de l'*Irato.* Il le porta chez Méhul, qui, immédiatement, composa la charmante musique que l'on applaudit encore avec transport. Marsollier se rend au comité de l'Opéra-Comique, dit qu'il a reçu d'Italie une partition dont la musique est si délicieuse, qu'il est certain du succès, malgré la faiblesse du poème qu'il s'est donné la peine de traduire de l'italien (on avait fait copier la partition par une main inconnue). Les acteurs l'entendent, en sont charmés, et veulent monter l'ouvrage. Ils se disputent les rôles, et tous les journaux annoncent avec emphase que bientôt on verra jouer un opéra *ravissant, enchanteur*, d'un auteur italien. La première représentation est annoncée. Le consul dit qu'il ira, et engage Méhul à y assister avec lui : « Ce sera un crève-cœur pour vous, mon cher ami ; mais peut-être en entendant ces airs si différents de l'école moderne, reviendrez-vous de cette manie de faire du *baroque*. » Méhul eut l'air contrarié de tout ce que lui dit Bonaparte, et se refusa à aller au spectacle; on le pressa, et il finit par céder.

Dès l'ouverture, les acclamations du consul commencèrent. Tout était charmant, naturel, plein de grâce et de fraîcheur; il applaudissait à tout moment, en répétant : « *Décidément, il n'y a que la musique italienne.* » La pièce s'achève au milieu des plus bruyants applaudissements, et les auteurs sont appelés avec enthousiasme. Martin vient demander à Marsollier s'il veut être nommé comme traducteur. « Non, répondit celui-ci, mais comme auteur des paroles, et vous annoncerez en même temps que la musique est de Méhul. »

La surprise fut générale au théâtre; car le secret avait été si bien gardé, qu'aucun des acteurs ne se doutait de rien. La toile se lève; les trois révérences d'usage faites, les noms des auteurs sont proclamés et couverts de bravos universels. Le consul prit le bon parti; il avait ri, il était satisfait, il ne se fâcha pas. « Attrapez-moi toujours de même, dit-il à

3

Méhul, et je m'en réjouirai pour votre gloire et mes plaisirs. »

La gloire et l'argent.

Du temps que Napoléon n'était encore qu'officier d'artillerie, un officier prussien disait devant lui avec beaucoup de suffisance : « Que ses compatriotes ne combattaient jamais que pour la gloire, tandis que les Français se battaient pour de l'argent. — Vous avez bien raison, répondit Bonaparte, chacun se bat pour acquérir ce qui lui manque. »

La plaine d'Ivry.

La plaine d'Ivry est célèbre par la bataille de ce nom ; bataille qui ouvrit à Henri IV, vainqueur, les avenues d'un trône longtemps disputé par les ennemis de l'État.

C'est dans nos historiens modernes qu'on doit chercher la relation de cette victoire. Quant à nous, nous dirons que parmi quelques faits de détails conservés par la tradition, dans les pays environnants où s'est livrée cette bataille, un souvenir perpétué d'âge en âge, a toujours rappelé le sommeil du roi après le combat, et le lieu où, excédé de fatigue, il s'endormit sous un poirier.

Ce fut à cette même place que, dans le siècle dernier, le duc de Penthièvre fit ériger une pyramide commémorative de la victoire et du vainqueur.

Les dévastations révolutionnaires avait fait disparaître ce monument.

Le 29 octobre 1802, Bonaparte, alors premier consul, se rendant à Evreux, jugea à propos de prendre sa route par Ivry ; et, pour mieux con-

naître la plaine où s'était donnée la bataille, il en
parcourut à cheval les diverses positions ; la place
où gisaient les ruines de la pyramide, fixa ses regards, il ordonna qu'un obélisque nouveau rem-
plaçât ces débris ; ses ordres furent exécutés.

Voici les inscriptions gravées sur les quatre faces
de la pyramide élevée sur le champ de bataille
d'Ivry.

LA FAÇADE.

Napoléon, empereur, à la mémoire de Henri IV.
*Après la bataille d'Ivry le roi se reposa en ce
lieu, et s'endormit sous un poirier.*

FACE OPPOSÉE.

*Les grands hommes aiment la gloire de ceux
qui leur ressemblent.*

FACE LATÉRALE A DROITE.

*L'an XI de la République française, le 7 bru-
maire (29 octobre 1802), Napoléon Bonaparte,
premier consul, après avoir parcouru cette plaine,
a ordonné la réédification du monument destiné
à consacrer le souvenir de Henri IV et la victoire d'Ivry.*
*Le 2 brumaire an XIII (24 octobre 1804), l'an
premier du règne de Napoléon.*
*A.-Cl. Masson-de-Saint-Amand, préfet du dé-
partement de l'Eure, a posé la première pierre de
cette pyramide, élevée par les soins et sur le dess-
sins d'André Cahouet, ingénieur en chef.*

FACE LATÉRALE A GAUCHE.

Les malheurs éprouvés par la France, à l'épo-que de la bataille d'Ivry, étaient le résultat de l'appel fait par les différents partis aux nations espagnole et anglaise. Toute famille, tout parti qui appelle les puissances étrangères à son se-cours, a mérité, et méritera, dans la postérité la plus reculée, la malédiction du peuple français.
Paroles de Napoléon sur le champ de bataille.

Charette.

« J'ai lu une histoire de la Vendée, disait un jour Napoléon ; si les détails, si les portraits sont exacts, Charette est le seul grand caractère, le vé-ritable héros de cet épisode marquant de notre révolution, lequel, s'il présente de grands malheurs, n'immole pas du moins notre gloire. On s'y égorge, mais on ne s'y dégrade point ; on y reçoit des se-cours de l'étranger, mais on n'a pas la honte d'être sous sa bannière, et d'en recevoir un salaire jour-nalier pour n'être que l'exécuteur de ses volontés. Charette me laisse l'impression d'un grand carac-tère ; je lui vois faire des choses d'une énergie, d'une audace peu communes ; il laisse percer du génie.

Le pressentiment réalisé.

Napoléon eut dès sa jeunesse, on peut même dire dès son enfance, le pressentiment qu'il n'était point destiné à vivre dans la médiocrité. Dans tous les pays du monde, dit un écrivain, il serait probable-

ment parvenu au faîte de la puissance. Il avait été
formé par la nature pour commander et régner, et
jamais elle ne crée de tels hommes pour les laisser
dans l'obscurité. Il semble qu'elle soit glorieuse de
son ouvrage, et qu'elle veuille l'offrir à l'admiration
en le plaçant elle-même à la tête des associations
humaines.

Le palais du roi de Rome.

Bientôt après la naissance du jeune Napoléon,
son père eut l'idée de bâtir un superbe palais presque vis-à-vis le pont d'Iéna, qui devait être appelé
le *Palais du roi de Rome*. Le gouvernement fit
faire l'achat de toutes les maisons situées sur l'em-
placement qu'on avait choisi. Sur le terrain même,
qui, d'après le plan qu'on avait tracé, devait former
l'extrême droite de la façade, se trouvait une petite
maison, qui, avec le sol sur lequel elle était bâtie,
n'était estimée qu'à environ mille francs, et appartenait à un pauvre tonnelier. Le propriétaire en
demanda dix mille; on en parla à Napoléon, qui
ordonna qu'ils fussent comptés. Quand les personnes chargées de conclure cet arrangement vinrent pour terminer, le propriétaire dit que toute
réflexion faite, il ne pouvait la vendre moins de
trente mille francs. Cela fut rapporté à Napoléon
qui ordonna qu'on lui payât cette somme. Quand
on vint de nouveau pour conclure l'affaire, le tonnelier porta sa demande à quarante mille francs.
L'architecte fut très-embarrassé; il ne savait plus
que faire, il n'osait même plus ennuyer Napoléon
de ce sujet, en même temps qu'il savait qu'on ne
pouvait rien lui cacher. Il s'adressa donc de nou-

veau à lui à ce sujet : « *Ce drôle-là abuse*, dit-il, pourtant il n'y a pas d'autre moyen ; allons il faut payer. » L'architecte revint chez le tonnelier, qui porta de nouveau le prix de sa maison à cinquante mille francs. Quand Napoléon en fut informé, il en fut indigné et il dit : « Cet homme-là est un misérable; eh bien, je n'achèterai, pas la maison; elle restera comme un monument de mon respect pour les lois. »

On a depuis rasé les fondements du palais futur. La barraque du tonnelier tomba en ruines, et son propriétaire habita Passy depuis où il traîna une misérable existence, en vivant du travail de ses mains.

Colère du roi de Rome.

Le roi de Rome occupait le rez-de-chaussée donnant sur la cour des Tuileries. Il était peu d'heures de la journée où un grand nombre de spectateurs ne regardassent par la fenêtre, dans l'espérance de l'apercevoir. Un jour qu'il était dans un violent accès de colère, et qu'il se montra rebelle à tous les efforts de madame de Montesquiou, elle ordonna de fermer à l'instant tous les contrevents; l'enfant, étourdi de cette obscurité subite, demanda aussitôt à *maman quiou* pourquoi tout cela. « C'est que je vous aime trop, lui dit-elle pour ne pas cacher votre colère à tout le monde; que diraient toutes ces personnes, que vous gouvernerez peut-être un jour, si elles vous avaient vu dans cet état! Croyez-vous qu'elles voulussent vous obéir, si elles vous savaient aussi méchant? « Et l'enfant de demander pardon aussitôt, et de bien promettre que cela ne lui arriverait plus.

Le Roi de Rome.

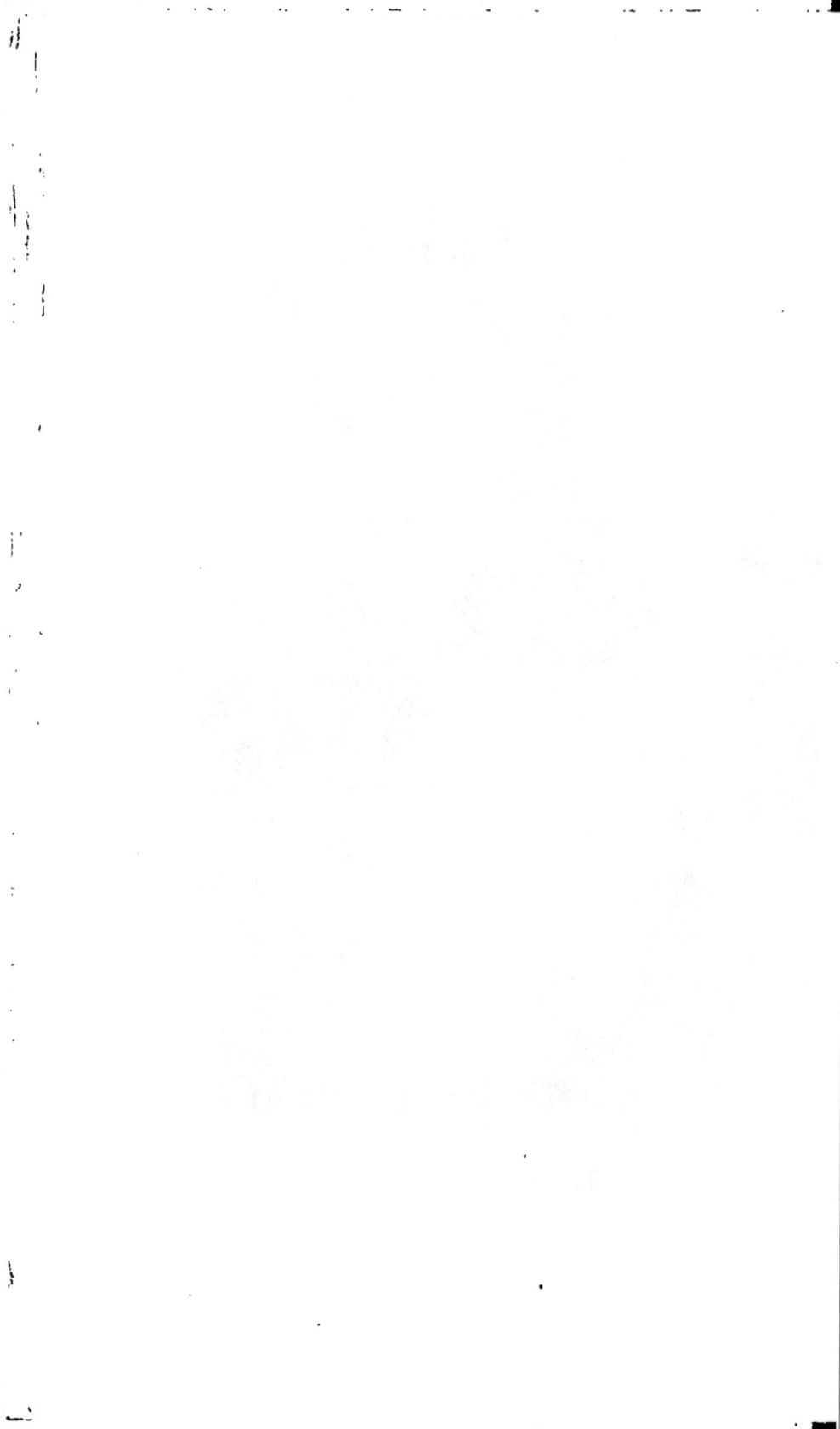

Souvenirs et regrets de Napoléon.

Napoléon, à Sainte-Hélène, était un jour au jardin ; le docteur Antommarchi l'y avait suivi. Il était faible, dit le docteur ; il s'assit, promena ses regards à droite et à gauche, et me dit avec une impression pénible :

« Ah ! docteur, où est la France? où est son riant climat? si je pouvais la contempler encore !... si je pouvais respirer au moins un peu d'air qui eût touché cet heureux pays ! quel spécifique que le sol qui nous a vu naître ! Antée réparait ses forces en touchant la terre. Ce prodige se renouvellerait pour moi; je le sens, je serais revivifié si j'apercevais nos côtes ! j'oubliais que la lâcheté a fait une surprise à la victoire; on n'appelle pas de ses décisions..... »

Le renfort inattendu.

Lorsqu'à son retour de l'île d'Elbe, Napoléon débarqua le 1er mars au golfe Juan, un ancien militaire vint le trouver à son bivouac. *Sire,* lui dit-il, *je suis des vôtres.* L'empereur se retournant vers le comte Bertrand, lui dit en riant : *Voilà déjà un renfort.*

La gamelle et la cuiller d'étain.

Pendant la campagne des Français en Autriche, en 1809, Napoléon, suivi de Berthier, visitait un soir les travaux du camp qui s'établissait à Amspitz, à deux lieues en avant de Vienne. L'empereur et le prince de Wagram, vêtus tous deux comme de simples officiers, entrent dans une baraque occupée par des grenadiers formés en cercle autour d'une gamelle à laquelle ils se disposaient à faire raison ; ils demandent à partager leur souper, attendu qu'on manque de vivres, et que les soldats de leur compagnie ne sont pas de retour de la maraude. Ils sont admis au modeste banquet, on leur présente à chacun une cuiller d'étain, ils avancent à leur tour, reculent d'un pas et font fête à la gamelle. Napoléon étant sorti le premier, Berthier laissa aux grenadiers une bourse pleine d'or pour prix de leur hospitalité, en leur apprenant quel est l'hôte illustre qu'ils viennent de traiter. Il est inutile de dire que cette circonstance fut bientôt connue de toute l'armée. Le grenadier à qui appartenait la cuiller d'étain qui avait servi à l'empereur, la portait à sa boutonnière jusque dans les parades, et ne l'aurait pas même échangée contre l'étoile des braves s'il n'en eût pas été déjà décoré.

Napoléon et M. Laffitte.

Lorsque l'empereur était tout-puissant, quelques envieux essayèrent de l'irriter contre M. Laffitte qu'ils lui représentaient comme un ennemi secret de son pouvoir : — *Il y a loin,* leur répondait-il, *d'un conspirateur à un homme qui, secrètement, n'aime point mon gouvernement. M. Laffitte est un homme de bien dont on ne fera jamais un conjuré.* Huit ans plus tard il prouva, d'une manière péremptoire, que la bonne opinion qu'il avait de M. Laffitte était toujours la même. Napoléon avait fait déposer chez ce banquier une somme de cinq millions. Lorsqu'après la bataille de Watterloo, il fut obligé d'abdiquer une seconde fois, il allait se diriger sur Rochefort, M. Laffitte courut à la Malmaison pour lui donner un récépissé des cinq millions qu'il avait entre les mains. Mais Napoléon qui n'en voulait point, lui dit : *Je vous connais, Monsieur Laffitte, je sais que vous n'aimez pas mon gouvernement, mais je vous ai toujours regardé comme un très-honnête homme.*

Cromwell jugé par Napoléon.

Dès ses premières années, Bonaparte pensait grandement : son oncle Fesch l'avait plus d'une fois surpris une vie de Cromwell à la main. Un jour, il lui demanda ce qu'il pensait de cet usurpateur? « Cromwell, répondit-il, est un bon ouvrage ; mais il est incomplet. » L'oncle qui croyait que son neveu parlait du travail de l'historien, lui demanda quelle faute il reprochait à l'auteur. « Morbleu! lui répliqua vivement Bonaparte, ce n'est pas du livre que je vous parle, c'est du personnage. »

La prophétie vérifiée.

Napoléon étant à Bayonne avait chargé le capitaine d'une corvette de dépêches fort importantes, en lui recommandant de mettre à la voile de suite. Cependant, le lendemain, l'empereur apprit que ce capitaine était encore en ville ; irrité de sa désobéissance, il le fait venir, et lui demande du ton le plus sévère la cause de son retard. » Sire, répond le capitaine extrêmement troublé par cette réception, les Anglais bloquent le port, et je craignais de mettre en mer, non à cause de mon bâtiment, ni pour moi où mon équipage, mais pour la sûreté des dépêches que vous avez daignez me confier. Napoléon, adouci par cette explication, répondit : *Ne craignez rien, capitaine, partez ; mon étoile vous guidera.* Cette prophétie se vérifia, car l'officier échappa à la vigilance des croiseurs anglais.

L'éloge flatteur.

M. Arnault, auteur de plusieurs tragédies, adressa au général Bonaparte les vers suivants, en lui envoyant sa tragédie d'*Oscar*, à l'armée d'Italie.

> Toi, dont la jeunesse occupée
> Aux jeux d'Apollon et de Mars
> Comme le premier des Césars,
> Manie et la plume et l'épée ;
> Qui, peut-être, au milieu des camps,
> Rédiges d'immortels mémoires ;
> Dérobe-leur quelques instants,
> Et trouve, s'il se peut, le temps,
> De me lire entre deux victoires.

L'argument péremptoire.

Après la signature des préliminaires de paix à Léoben, l'empereur d'Autriche envoya au héros de l'Italie, trois des principaux seigneurs de sa cour, pour lui servir d'ôtages. Bonaparte les reçoit avec distinction, les invite à dîner, et au dessert, il leur dit : « Messieurs, vous êtes libres. Allez dire à votre maître que si sa parole impériale a besoin de gages, vous ne pouvez pas m'en servir, et que vous ne devez pas m'en servir, si elle n'en a pas besoin. »

Supposition en partie réalisée.

Un homme qui n'avait jamais vu Bonaparte, le
vit pour la première fois, après sa première campagne d'Italie, et écrivit à Paris une lettre dans laquelle il le peint de la manière suivante : « J'ai vu
avec un vif intérêt et examiné avec une extrême
attention cet homme extraordinaire, qui a fait de si
grandes choses, et qui semble annoncer que sa carrière n'est pas terminée. Je l'ai trouvé fort ressem-
blant à son portrait, petit, mince, pâle, ayant l'air
fatigué, mais non malade, comme on l'a dit. Il m'a
paru qu'il écoutait avec plus de distraction que d'intérêt, et qu'il était plus occupé de ce qu'il pensait
que de ce qu'on lui disait. Il y a beaucoup d'esprit
dans sa physionomie; on y remarque un air de
méditation habituelle qui ne révèle rien de ce qui
se passe dans l'intérieur. Dans cette tête pensante,
dans cette âme forte, *il est impossible de ne pas
supposer quelques pensées hardies qui influeront
sur la destinée de l'Europe.* »

Les Français appréciés par Bonaparte.

Bonaparte voyageant à travers la Suisse, pour se
rendre ensuite à Rastadt, s'arrêta près de l'ossuaire
des Bourguignons, et se fit indiquer le lieu où
la bataille de Morat (1) avait été donnée. On lui
montra une plaine en face de la chapelle. Un officier qui avait servi en France, et qui se trouvait là,

(1) C'est à cette bataille que Charles de Bourgogne, cet
autre téméraire, vit, en 1476, ses Bourguignons tomber sous
les efforts de la valeur helvétique.

lui expliqua comment les Suisses, descendant des montagnes voisines, étaient venus, à la faveur d'un bois, tourner l'armée des Bourguignons, et l'avaient mise en déroute. « De combien était cette armée? demanda-t-il. — De soixante mille hommes. — Soixante mille hommes! s'est-il écrié; ils auraient dû couvrir ces montagnes.—Les Français d'aujourd'hui combattent mieux que cela, dit Lannes, qui était un des officiers de sa suite. — Dans ce temps-là, interrompit Bonaparte, les Bourguignons n'étaient pas Français. »

Napoléon et madame de Staël.

Dans la grande fête que M. de Talleyrand donna au jeune vainqueur de l'Italie, madame de Staël aborda le général Bonaparte, et l'interpella vivement, lui demandant quelle était à ses yeux la première femme du monde, morte ou vivante. « Celle qui a fait le plus d'enfants, répondit Bonaparte avec beaucoup de simplicité. » Madame de Staël, d'abord un peu déconcertée, essaya de se remettre, en lui observant qu'il avait la réputation d'aimer peu les femmes. « Pardonnez-moi, Madame, reprit encore le général, j'aime beaucoup la mienne. »

Ces paroles étaient une réponse piquante à une lettre que madame de Staël lui avait écrite quelque temps auparavant. « C'était une des erreurs des institutions humaines, avait-elle dit dans cette lettre, qui avait pu lui donner pour femme une insignifiante créole, la douce et tranquille madame Bonaparte: c'était une âme de feu comme la sienne (de madame de Staël) que la nature avait destinée à un héros tel que lui, etc. »

Caractère de Napoléon.

Pichegru, qui avait été un des maîtres d'étude de Bonaparte, disait à Londres, lorsqu'on délibérait si on tâcherait de gagner le général d'Italie : « N'y perdez pas votre temps ; je l'ai connu dans son enfance, ce doit être un caractère inflexible ; il a pris un parti, il n'en changera pas. »

Les Raisons spécieuses.

Aux objections que les princes de sa famille lui faisaient sur l'entreprise de la guerre de Russie, Napoléon se plaignait de ce qu'ils n'appréciaient pas assez sa position. « Ne voyez-vous pas, leur disait-il, que je ne suis point né sur le trône, que je dois m'y soutenir comme j'y suis monté par la gloire, qu'il faut qu'elle aille en croissant, qu'un particulier devenu souverain comme moi, ne peut plus s'arrêter, qu'il faut qu'il monte sans cesse, et qu'il est perdu s'il reste stationnaire.

Le Distique de Le Brun.

Le poète Le Brun composa le distique suivant, pour célébrer les conquêtes du héros de l'Italie :

Héros cher à la paix, aux arts, à la Victoire,
Il conquit en deux ans mille siècles de gloire.

Bonaparte nommé membre de l'Institut.

Le vainqueur de l'Italie se montra très flatté du choix de l'Institut, et écrivit la lettre suivante à

4

Camus, alors président de la classe des sciences et des arts :

« Citoyen Président,

« Le suffrage des hommes distingués qui composent l'Institut m'honore.

« Je sens bien qu'avant d'être leur égal, je serai leur écolier.

« S'il était une manière plus expressive de leur faire connaître l'estime que j'ai pour eux, je m'en servirais.

« Les vraies conquêtes, les seules qui ne donnent aucun regret, sont celles qu'on fait sur l'ignorance.

« L'occupation la plus honorable comme la plus utile pour les savants, c'est de contribuer à l'extension des idées humaines..... »

L'Étoile.

Napoléon croyait à la fatalité. Dans cette direction de ses idées, toutes les conceptions, tous les projets que son imagination enfantait, étaient autant de révélations de sa fortune; y résister c'eût été, suivant lui, rompre imprudemment la chaine des destinées qui lui étaient promises.

Vers la fin de 1811, époque à laquelle l'empereur se disposait à la campagne de Russie, le cardinal Fesch conjura Napoléon de ne pas s'attaquer ainsi aux hommes, aux éléments, à la religion, à la terre et au ciel à la fois, et lui montra la crainte de le voir succomber sous le poids de tant d'inimitiés. Pour toute réponse à cette vive attaque, l'empereur prit le cardinal par la main, et lui dit: « Voyez-vous, là haut, cette étoile? — Non, Sire. — Regardez bien. — Sire, je ne la vois pas. — Eh bien! moi, je la vois, s'écria Napoléon... »

Estime de Napoléon pour les braves.

Deux matelots anglais, prisonniers à Verdun, s'échappèrent de cette ville, et arrivèrent à Boulogne sans avoir été découverts en route. Dans l'impossibilité de se procurer un bateau, à cause de la vigilance de la garde des côtes, qui inspectait scrupuleusement les moindres embarcations, ils construisirent eux-mêmes une espèce de batelet avec de petits morceaux de bois qu'ils joignirent tant bien que mal, sans autres outils que leurs couteaux. Ils recouvrirent cette frêle embarcation avec une toile qu'ils appliquèrent dessus. Elle ne présentait qu'une largeur de trois ou quatre pieds, et n'était pas beaucoup plus longue : elle était d'une telle légèreté, qu'un seul homme la portait aisément sur son dos. Sûrs d'être fusillés s'ils étaient découverts, presque également sûrs d'être submergés, ils n'en tentèrent pas moins de passer le détroit sur un esquif aussi léger. Ayant aperçu une frégate anglaise, en vue des côtes, ils s'élancèrent dans leur barque, et s'efforcèrent de la rejoindre. Ils n'étaient pas encore parvenus à cent toises en mer, que les douaniers les prirent et les ramenèrent sans qu'ils pussent y mettre le moindre obstacle. L'incroyable témérité de ces deux hommes fit l'entretien du camp. Le bruit en alla jusqu'aux oreilles de l'empereur, qui voulut les voir, et les fit amener en sa présence avec leur petit bâtiment. Napoléon ne put cacher sa surprise d'un projet si audacieux, avec un si faible moyen d'exécution. « Est-il bien vrai, leur demanda l'empereur, que vous avez songé à traverser les mers avec cela? — Ah! Sire, lui répondirent-ils, si vous en doutez, donnez-nous la permission, et vous allez nous voir partir. — Vous êtes des hommes hardis, entreprenants; j'admire le courage partout où il se trouve. Je ne veux pas que vous exposiez votre vie; vous êtes libres; bien plus, je vais vous faire conduire à bord d'un bâtiment anglais. Vous irez dire à Londres quelle estime j'ai pour les braves, même quand ils sont mes ennemis. » Napoléon leur donna à chacun plusieurs pièces d'or.

La Flatterie délicate.

Bonaparte passant en revue le premier régiment d'artillerie, où il avait fait ses premières armes, et apercevant le chirurgien-major du régiment, qu'il n'avait pas vu depuis long-temps, il lui adressa ces mots : A propos, citoyen Bievelot, êtes-vous toujours, avec votre aménité particulière, un peu original? — Pas autant que vous, mon général, vous qui ne faites rien comme les autres, et que personne ne saurait imiter. »

Les Draps et les Vases.

Dans un bal que la ville de Paris lui donnait, l'empereur s'adressa à une jeune dame de la classe marchande et lui fit diverses questions. La jeune dame répondit en employant une locution bizarre, quoique reçue, que son mari faisait dans les draps pour dire qu'il était marchand de draps. L'empereur sourit légèrement et adressa la parole à une autre personne. Deux ans après, la même dame se trouvant à une fête à laquelle Napoléon assistait, celui-ci qui ne la reconnaissait pas, lui renouvela les mêmes questions. « Sire, lui répondit-elle, lorsque V. M. me fit de semblables demandes, il y a deux ans, j'étais mariée à un homme qui faisait dans les draps. Il est mort peu de mois après. — Vous êtes donc veuve? — Non, Sire, je me suis remariée. — Que fait votre mari? — Sire, il fait dans les vases. — Celui-ci est du moins plus propre que l'autre, » dit l'empereur en s'éloignant.

Frugalité de Napoléon.

La frugalité de l'empereur à l'armée était telle, que son goût donnait la préférence aux aliments les plus simples et les plus simplement assaisonnés, comme les *œufs au miroir*, les *haricots en salade*. Un seul de ces plats, un peu de fromage de Parmesan, voilà ce qui composait presque tous les jours son déjeûner. A dîner, il mangeait peu, rarement des ragoûts, et toujours des choses saines. On l'a souvent entendu dire *que quelque peu de nourriture que l'on prît à dîner, on en prenait toujours trop.*

Conversation de Bonaparte avec les Cheiks.

Dans un dîner que Bonaparte, en Égypte, fit chez le cheik Saldat, il eut, avant et après le repas, une longue conversation avec les Cheiks : entre autres choses dignes de remarque, il leur dit que les Ara-

bes avaient cultivé les arts et les sciences, mais
étaient aujourd'hui dans une ignorance profonde, et
qu'il ne leur restait rien des connaissances de leurs
ancêtres. Le cheik Saldat lui répondit qu'il leur
restait le Coran, qui renfermait toutes les connaissances. Le général demanda si le Coran enseignait
à fondre du canon : tous les Cheiks répondirent
hardiment que oui.

Argument irrésistible.

Un ministre proposait à Napoléon de donner un
commandement suprême au général A... qui, sous
l'ancien régime, ayant fait beaucoup de campagnes,
devoit y avoir acquis les talents nécessaires pour
commander. « Acquis, Monsieur? reprit Napoléon ;
ces talents ne s'acquièrent point ; ils naissent avec
les héros. Consultez le maréchal de Saxe, il vous
dira qu'*un âne, eût-il fait vingt campagnes sous
César, ne serait encore qu'un âne à la vingt et
unième.* »

L'abbé Gandon et le petit page.

Napoléon était fort économe pour tout ce qui le
concernait personnellement ; il avait dans son cabinet un déshabillé fort modeste, et à l'armée son
nécessaire n'égalait pas toujours celui d'un colonel.
Il mangeait vite et peu ; à table il causait non seulement de la voix, mais des yeux ; ses regards
étaient des encouragements ou des leçons, des peines
ou des récompenses.

Une fois il arriva qu'un de ses pages avait commis une faute grave envers l'abbé Gandon, le sous-

gouverneur. Cet abbé était né à Précigné, près de La Flèche (Sarthe) ; et c'était un bon propriétaire du pays, M. Fillon-Dupin, qui, lié avec ses parents, lui avait donné de l'argent pour acheter sa première soutane. Avec ce costume il était venu à Paris au commencement de la révolution ; il s'était fait des amis puissants, et ayant passé sans encombre les jours de la Convention et du Directoire, il avait reparu sous le Consulat, et s'était faufilé sous l'empire jusqu'au poste qui le mettait en relation avec les fils des premières familles de l'époque. L'un d'eux l'avait tiré un peu rudement par son petit collet, et Napoléon, qui regardait les prêtres comme des fonctionnaires, n'aimant pas qu'on les traitât avec mépris, se proposait de tenir rigueur à son étourdi de petit page. Mais celui-ci, se retirant dans un coin de la salle à manger des Tuileries, ne prenait point de part au service ; il semblait, dans sa mutinerie, méditer quelque nouveau tour, et par là encore il aggravait sa position. Cependant Napoléon a pitié de cette jeune tête : il prend au dessert un morceau de gâteau de Savoie, il en fait deux parts, il garde la première et la porte à sa bouche, envoyant l'autre par un chambellan au page réfractaire et coupable. Ce trait de bonté fait battre le cœur du rebelle ; il mange, il dévore le gâteau après l'avoir baigné de ses larmes, et se jette aussitôt, avec tous les signes du repentir, dans les bras du bon abbé Gandon, qui n'était pas le moins ému de toute cette scène.

Le pont des Arts.

A peine le pont des Arts fut-il achevé, que Bonaparte le trouva mesquin, et peu en harmonie avec les autres ponts qui le précèdent et le suivent sur la Seine. Un jour qu'il visitait le Louvre, s'étant rrêté à une des croisées donnant sur ce pont, il dit : « Cela n'a aucune apparence de solidité, ce pont n'a rien de grandiose : je conçois qu'en Angleterre, où la pierre est rare, on emploie le fer pour des arcs d'une grande dimension ; mais en France, où tout abonde !..... »

Beaux mouvements d'éloquence.

Le discours que Bonaparte, au 18 brumaire, adressa à l'Assemblée, est plein de cette éloquence propre à émouvoir fortement les cœurs.

« Dans quel état, s'écrie-t-il, j'ai laissé la France! dans quel état je la retrouve! Je vous avais laissé la paix, je retrouve la guerre ; je vous avais laissé des conquêtes, et l'ennemi presse vos frontières ; j'ai laissé vos arsenaux garnis, et je n'ai pas trouvé une arme. Vos canons ont été vendus, le vol a été érigé en système, les ressources de l'État sont épuisées, on a eu recours à des moyens vexatoires, réprouvés par la justice et le bon sens ; on a livré le soldat sans défense. Où sont-ils les braves, les cent mille camarades que j'ai laissés couverts de lauriers? que sont-ils devenus? ils sont morts?..... »

Bonaparte et le chasseur à cheval

Un chasseur à cheval avait été chargé d'apporter à Bonaparte, de Milan à Montebello, des dépêches très urgentes. A son arrivée, il trouva le général tout prêt à partir pour la chasse, lui remit le paquet, et attendit la réponse ; Bonaparte la lui donna sur-le-champ : « Va, lui dit-il, et surtout va vite. — Général, le plus vite que je pourrai ; mais je n'ai plus de cheval ; j'ai crevé le mien pour être venu avec trop de vitesse ; il est étendu mort à la porte de votre hôtel. — Ce n'est qu'un cheval qui te manque ; prend le mien. » Le chasseur fait difficulté de l'accepter. « Tu le trouves trop beau, trop richement enharnaché ? *Va, mon camarade, il n'est rien de trop magnifique pour un soldat comme toi.* »

Ambroise Paré.

Ambroise Paré

La ville de Laval doit s'enorgueillir d'avoir été le berceau d'un si grand homme. Pendant près de trois siècles, rien n'y rappela le célèbre chirurgien. Cependant Bonaparte, cette vaste intelligence qui comprenait le temps, les hommes et les choses, promit 1,800 fr. de pension au descendant d'Ambroise Paré dont la filiation serait constatée authentiquement. En 1804, le professeur Lassus se rendit à Laval et fit connaître les intentions du premier Consul. Pas un descendant ne se présenta ! A Paris, le buste en marbre d'Ambroise Paré, dû au ciseau du célèbre statuaire David (d'Angers), et portant cette inscription : JE LE PENSAY, DIEU LE GUARIT, décore le grand amphithéâtre de l'école et la salle des séances de l'Académie de médecine.

Le 29 juillet 1840 a eu lieu à Laval, sur la place de l'Hôtel de Ville, au milieu d'une affluence immense, l'inauguration d'une statue élevée à la mémoire d'Ambroise Paré.

Cette statue est également due au génie et au désintéressement de M. David d'Angers.

La réplique inattendue.

Bonaparte n'avait pas d'heures réglées pour son travail. Etant à Nice, où il se rendit après la prise de Toulon, un de ses amis alla le trouver au milieu de la nuit pour quelques renseignements urgents. Quelle fut sa surprise de le trouver tout habillé, occupé à travailler au milieu d'une foule de plans, de cartes, de livres ouverts. « Vous n'êtes donc pas encore couché ? — Couché ! je suis déjà levé au contraire ? — Comment ? — Oui ; quand j'ai dormi deux ou trois heures, c'est bien assez. »

Le Martyre.

Les ennemis de Napoléon lui ont reproché d'être dur, brutal et cruel. Sans doute ce prince se laissait facilement emporter au-delà des bornes de la modération, mais cet emportement, impétueux comme la foudre, n'était pas moins rapide qu'elle. Dans une discussion qu'il eut avec le cardinal Fesch, il s'était emporté jusqu'à lui crier qu'il le réduirait à obéir. « Eh! qui conteste votre puissance? répondit le cardinal : mais force n'est pas raison ; car si j'ai raison, toute votre puissance ne me fera pas avoir tort. D'ailleurs, votre majesté sait que je ne crains pas le martyre. — Le martyre! répliqua Napoléon en passant de la violence au sourire ; ah! n'y comptez pas, Monsieur le cardinal, c'est une affaire ou il faut être deux, et quant à moi, je ne veux martyriser personne. »

Napoléon et la femme du peuple.

Au 13 vendémiaire, Bonaparte n'étant encore que général, avait été investi du commandement de Paris. Le peuple souffrait de la disette, et la disette amène toujours à sa suite l'effervescence et l'émeute. Pour mieux veiller à la tranquillité publique, Napoléon parcourait les places, les marchés, les faubourgs, et se dirigeait de préférence vers les attroupements nombreux qui se formaient aux portes des boulangers, Un jour, la foule, plus excitée que de coutume, se presse autour de lui d'un air menaçant et demande du pain à grands cris. Une femme, remarquable par une corpulence qui contrastait avec la maigreur extrême du général Bonaparte, se fait entendre au-dessus des autres : « Pourvu que ces gueux-là mangent, disait-elle en désignant les officiers, pourvu qu'ils s'engraissent bien, il leur est fort egal que le pauvre peuple meure de faim.—La bonne, lui répondit Napoléon, regarde-moi bien, quel est le plus gras de nous deux? »

Un rire universel se fit entendre, et chacun s'empressa d'applaudir à la répartie du général, et de faire place pour le laisser passer librement.

Visite de Bonaparte au Prytanée.

Un seul collége avait conservé, à Paris, depuis la Révolution, la tradition des anciennes études ; c'était le collége de Louis-le-Grand, auquel on avait donné le nom de Prytanée. Le premier consul alla lui-même faire une visite à ce collége ; il y arriva inopinément, accompagné de M. Lebrun et de Duroc. Il y resta plus d'une heure, et en parla le soir à M. Bourrienne avec beaucoup d'intérêt.

« Savez-vous, lui dit il, que j'ai fait le professeur, et que je ne m'en suis pas mal tiré. J'ai interrogé des élèves de la classe de mathématiques ; je me suis assez bien souvenu de mon *Bezout*, pour leur faire quelques démonstrations au tableau. J'ai été dans les classes, dans les quartiers, au réfectoire ; j'ai goûté de leur soupe ; elle vaut mieux en vérité que celle que nous avions à Brienne. Il faut que je m'occupe sérieusement de l'instruction publique et de la police des colléges. Il faut un uniforme aux écoliers ; j'en ai vu qui étaient bien vêtus et d'autres qui l'étaient mal, cela ne vaut rien ; c'est au collége surtout qu'il faut de l'égalité. Ces jeunes

gens m'ont fait plaisir à voir ; je veux me faire donner les noms de ceux que j'ai interrogés. J'ai dit à
Duroc de me faire un rapport là-dessus. Je veux leur
donner des récompenses, cela fera bien, cela don-
nera de l'émulation à la jeunesse ; il faut planter
pour l'avenir. J'en placerai quelques-uns. »

La Dette acquittée.

La distribution des drapeaux que Bonaparte fit à
la légion d'élite, en l'an II, donna lieu aux vers
suivants. Pour en saisir la justesse et la vérité, il
est bon de savoir qu'il était des bataillons et des
escadrons dont le feu avait tellement maltraité ou
déchiré les drapeaux et les étendards, qu'on n'avait
rapporté que les piques auxquelles ils étaient at-
tachés :

Quand tu remplaces leurs drapeaux,
Tu ne fais qu'acquitter la dette de la gloire :
Il leur en fallait de nouveaux,
Tu les as tous usés aux champs de la victoire.

Napoléon n'a fait que des ingrats.

Après l'abdication de Napoléon, Roustan, son
Mameluck, qui devait le suivre dans son exil, en
reçut 30.000 francs à Fontainebleau. Cette somme
devait servir à assurer l'existence de sa famille pendant son absence. Roustan vint aussi à Paris pour
y arranger ses affaires ; mais, soit par l'effet de la
jalousie ou par celui des conseils de sa femme, il
changea de dessein, et ne voulut plus rejoindre son
bienfaiteur à l'île d'Elbe.

Ce fait revint un jour à la mémoire de Napoléon à Sainte-Hélène, et il fit l'observation suivante : « La conduite de Roustan ne m'a pas surpris, son âme était celle d'un esclave; du moment où il a vu que je n'étais plus maître, il a dû penser qu'il était dispensé de me servir. »

Lorsque Napoléon revint de l'île d'Elbe, et reprit le pouvoir. Roustan se rendit au palais pour y reprendre son service. Napoléon, qu'on avait averti, dit : « *Que si Roustan ne se retirait pas de son propre mouvement, il fallait le fouetter pour son entrée.* »

Voilà le seul châtiment que ce grand homme voulait infliger à la plus noire ingratitude. Cette anecdote vient merveilleusement à l'appui de cette assertion de Napoléon : « Qu'il n'avait jamais, dans tout le cours de sa vie, vengé ses injures personnelles. »

A ce trait d'ingratitude de Roustan, nous pourrions en ajouter mille autres de plusieurs grands personnages, qui n'hésitèrent pas d'abandonner Napoléon, et de se tourner vers le soleil levant; mais.....

Institution de l'ordre de la Légion-d'Honneur par Napoléon.

Napoléon disait : « De tous les ordres créés, anciens et modernes, il n'en est pas qui aient autant rapporté à ceux qui les instituèrent que l'ordre de la Légion-d'Honneur. C'est mon ouvrage, c'est mon chef-d'œuvre; personne, ni dans le présent, ni dans l'avenir ne peut m'en disputer la gloire; je lui dois une partie de mes triomphes. »

Napoléon n'avançait rien là qui ne fût très vrai.

L'espoir d'obtenir la croix a enfanté des actes de valeur incroyables, et encore ne sont-ils pas tous connus. En voici, entre autres, un que racontait avec plaisir un chef d'escadron :

« Dans la nuit, dit-il, qui précéda la bataille d'Austerlitz, un de mes brigadiers paria sa montre avec un de ses camarades que le lendemain il gagnerait la croix d'honneur. En effet, dans une charge brillante contre des forces supérieures, il s'enfonça dans les escadrons ennemis, tua cinq hommes de sa main, et enleva une enseigne. Il était couvert de sang, principalement à la figure, dont on ne lui voyait plus que les yeux. Comme il rentrait au régiment qui s'était reformé en arrière, l'empereur le rencontra, et lui dit : « *C'est assez pour ta part, mon ami, va te faire panser.* » S'essuyant alors la figure avec le drapeau qu'il venait de prendre, le brigadier répondit à l'empereur : « *Je ne suis pas blessé, Sire; ce n'est pas mon sang, c'est celui des autres.* » Charmé de la vivacité de cette réponse, Napoléon lui dit : « *Je te fais maréchal-des-logis, et je t'accorde la croix.* » Ce qu'il y eut de particulier dans cette affaire, c'est qu'à l'instant où le brigadier était ainsi récompensé, le camarade avec lequel il avait parié sa montre, arriva blessé d'un coup de pistolet que lui avait lâché un officier général, qu'il amenait prisonnier, et qu'il présenta à l'empereur. « *Encore une croix d'honneur*, dit Napoléon en riant, *si cela continue, il faudra supprimer l'ordre ou décorer toute l'armée.* »

Trait de sensibilité.

Après l'explosion de la machine infernale, rue

Saint-Nicaise, les gardes de Bonaparte et beaucoup de citoyens entouraient sa voiture : « *Amis,* leur dit le premier consul, *ce n'est pas a moi qu'il faut venir; qu'on aille au secours des malheureux que la machine infernale a pu frapper.* »

La Vertu accueillie par la Gloire.

C'est à Napoléon que M. Lafayette, enfermé avec sa femme et ses filles dans les cachots de l'Autriche, dut sa délivrance. Mme Lafayette alla, avec la plus jeune de ses filles, remercier son libérateur ; elle reçut un accueil distingué ; ce qui fit dire à quelqu'un : *Cela n'est pas surprenant, la vertu doit être accueillie par la gloire.* »

Clémence de Napoléon.

Le comte de Hatzfeld était violemment accusé d'une correspondance secrète avec les ministres du roi de Prusse, ce qui devait le conduire inévitablement à l'échafaud. La lettre qui pouvait déposer contre le comte était tombée entre les mains de Napoléon. D'abord furieux, il donne des ordres pour qu'on forme de suite une commission militaire. Sur ces entrefaites, un huissier de la Chambre annonce la comtesse de Hatzfeld; cette infortunée, toute en larmes, et, pour surcroît de douleur, dans un état de grossesse très avancé, se jette aux pieds du vainqueur d'Iéna, : « Tenez, Madame, lui dit l'empereur en lui présentant la fatale missive, jugez vous-même!..... » La comtesse, placée près d'une cheminée, parcourait, d'un œil mouillé de pleurs, la

funeste lettre, et attendait son sort en tremblant...
« *Eh bien! jetez-là au feu, vous anéantirez la
procédure.* » La comtesce obéit avec transport;
mais succombant à de fortes émotions, elle s'évanouit : Napoléon lui fit lui-même respirer des sels.

Les deux bucherons.

Napoléon étant à la chasse dans la forêt de Fontainebleau, descendit de cheval et se promena accompagné de Caulaincourt. Il rencontra deux bûcherons qui, fatigués de leur travail, se reposaient un instant assis sur un tronc d'arbre. Ils avaient servi tous les deux dans la campagne d'Égypte. L'un d'eux reconnut l'empereur et se leva aussitôt. Caulaincourt voulut faire lever l'autre. « Non, dit Napoléon, ne voyez-vous pas qu'il est fatigue? » Il fit rasseoir celui qui était debout, s'assit lui-même quelques instants sur le même tronc d'arbre, causa avec eux de l'expédition d'Égypte et de leurs affaires particulières; et ayant appris que l'un d'eux n'avait pas obtenu de pension de retraite, il la lui accorda, et donna dix napoléons à chacun en se retirant.

Canevas d'un roman tracé par Napoléon.

Un hasard, que l'on ne sait comment expliquer, a mis au jour, en 1822, le brouillon d'un travail du général Bona arte sur la guerre d'Italie. M. Dzialinski, amateur polonais, en est devenu acquéreur, et le conserve sous une riche couverture de velours, brodé d'or. Les rouillons des diverses notes que le

4

général a rédigées vers la même époque, relativement à son projet d'aller en Turquie, font aussi partie de ce précieux portefeuille; et le troisième fragment, qui n'est pas le moins curieux de cette collection, est un roman intitulé : *Clisson et Eugénie*, dont Napoléon s'est amusé à tracer le canevas. Tout est de la main de Napoléon, à l'exception de quelques ordres militaires qu'il a dictés à Junot, mais qui sont surchargés de corrections.

Passe-droit fait à Bonaparte.

Les réclamations de Bonaparte auprès d'Aubry, membre du comité de salut public, en germinal an IV, et chargé presque exclusivement de la partie militaire, furent une véritable scène. Napoléon insistait avec force, Aubry s'obstinait avec aigreur; celui-ci disait à Napoléon qu'il était trop jeune pour commander, et qu'il fallait laisser passer les anciens; Napoléon répondait « *qu'on vieillissait sur le champ de bataille et qu'il en arrivait.* » Aubry, quoique capitaine d'artillerie en 1789, n'avait jamais vu le feu.

Désintéressement de Bonaparte.

Dans le cours de la première guère d'Italie, le duc de Parme, épouvanté par la présence d'une armée dont les exploits étaient si rapides, conclut une suspension d'armes avec le général Bonaparte, et s'obligea à payer une contribution militaire, qui fut fixé à 2,000,000, indépendamment d'autres fournitures. Dans cette circonstance ce général

voulut imiter les Romains, qui ornaient leur capitale par les chefs-d'œuvre des arts enlevés aux
peuples vaincus. Il exigea en outre que vingt des
plus beaux tableaux qui se trouvaient dans les
États de Parme et de Plaisance, fussent mis à sa
disposition pour être envoyés à Paris.

Parmi ces tableaux choisis par Bonaparte se trouvait *la Communion de saint Jérôme*, chef-d'œuvre
du Dominiquin. Le duc de Parme fit proposer au
général de lui payer particulièrement 2 millions
s'il voulait lui laisser ce tableau. Bonaparte, dont
l'unique fortune consistait alors dans son traitement
de général en chef, refusa fièrement de souscrire à
cette proposition, et répondit au grand-duc : « Ho-
« noré de la confiance de la République, je n'ai pas
« besoin de millions. Tous les trésors des deux du-
« chés ne sauraient valoir, à mes yeux, la gloire
« d'offrir à ma patrie le chef-d'œuvre du Domi-
« niquin. »

Moreau jugé par Napoléon.

Pendant que Napoléon était à Moscow, le comte
Daru reçu de Mme Moreau une lettre par laquelle
elle le priait de demander pour elle à l'empereur la
permission de venir passer quelques mois en France
pour des affaires particulières de la plus grande
urgence. Daru, qui savait que le meilleur moyen
d'obtenir quelque chose de Napoléon était d'être
franc et ouvert, lui montra la lettre. « Oui, dit
l'empereur, elle est venue et devrait déjà être re-
partie. » Daru fit observer qu'une femme ne pouvait
être dangereuse. « Elle vient intriguer, répondit
Napoléon ; vous êtes peut-être un de ceux qui pen-

sent que Moreau était un bon citoyen? — Sire, reprit Daru, je crois que, sous le rapport du civisme et du patriotisme, le caractère de Moreau est inattaquable. — Eh bien! vous vous trompez, dit Napoléon. » Et la conversation resta là.

A Dresde, en 1813, Napoléon était à déjeûner avec Daru et le maréchal Victor, lorsqu'on annonça un officier russe porteur d'un étendard en signe de trêve. Après que cet officier eut rempli sa mission, Napoléon lui fit quelques questions relatives au désordre qu'il avait remarqué la veille dans les avant-postes de l'armée ennemie, et lui demanda si les Russes n'avaient pas perdu quelque officier de marque. L'officier répondit que non. « Cependant, dit Napoléon, il y a eu du désordre à tel poste; on a emporté quelqu'un qui était blessé ou tué. — Je ne sache pas, répliqua l'officier, que nous ayons perdu personne, à moins que Votre Majesté ne veuille parler du général Moreau, qui a été blessé mortellement aux avant-postes. — Le général Moreau! répéta Napoléon. » Puis, faisant un signe de tête à Daru? « Eh bien! lui dit-il. » Daru se rappela la conversation qui avait eu lieu à Moscow, il avait cru à cette époque que l'opinion de Napoléon avait été influencée par des motifs personnels; mais il avoua alors qu'il était forcé de reconnaître que Moreau n'était rien moins qu'un bon citoyen.

Le soleil d'Austerlitz.

La bataille d'Austerlitz fut gagnée : les Français l'avaient promis à leur chef. Jamais ces sortes d'effets n'ont été laissés protestés par nos braves. « Ce sera le bouquet de l'empereur pour l'anniversaire *de son couronnement.* » Dans le fort du combat, un soleil brillant fit pénétrer à travers les nuages amoncelés ses rayons étincelants ; à Iéna, même particularité. *C'est,* s'écria Napoléon à cette dernière occasion, « *le soleil d'Austerlitz.* »

Aucun homme plus que lui ne sut tirer parti de tout ce qui pouvait revêtir aux yeux du vulgaire la figure d'un phénomène ; lui-même était persuadé qu'une étoile tutélaire l'avait pris sous ses divins auspices.

Le Pied blessé.

Une fois, Napoléon était dans la chambre de l'impératrice pendant qu'on l'habillait. Il marcha, sans le vouloir, sur le pied de la dame qui présidait à la toilette, et se mit à l'instant à pousser un grand cri, comme s'il se fut blessé lui-même. « Qu'avez-vous donc ? lui demanda vivement l'impératrice. — Rien, répondit-il en partant d'un éclat de rire ; j'ai marché sur le pied de Madame, et j'ai crié pour l'empêcher de le faire ; vous voyez que cela m'a réussi. »

La Plainte mal fondée.

Un jour, à une parade, un jeune officier, l'air égaré, tout hors de lui, sort des rangs pour se plaindre à l'empereur qu'il est maltraité, dégradé, qu'on a été injuste à son égard, qu'on lui a fait éprouver des passe-droits, et qu'il y a cinq ans qu'il est lieutenant sans pouvoir obtenir d'avancement. « Calmez-vous, lui dit Napoléon, moi je l'ai bien été sept ans, et vous voyez qu'après tout, cela n'empêche pas de faire son chemin. » Tout le monde de rire, et le jeune officier, subitement refroidi, d'aller reprendre son rang.

Napoléon et le masque.

Napoléon était dans l'enivrement de la victoire et du bonheur; il venait de contracter son union avec la fille des Césars, et des fêtes pompeuses se succédaient à la cour du soldat couronné. Un jour, au milieu d'un bal brillant donné dans la salle de spectacle des Tuileries, un personnage apparut sous le costume de Barbe-Bleue. Sa gaîté folâtre, ses mouvements brusques et saccadés le faisaient remarquer de presque toutes les personnes qui assistaient au bal. Il poursuivait les masques de ses plaisanteries et de ses quolibets; il s'attachait surtout à quelques-uns que sans doute il croyait reconnaître, et il ne leur épargnait ni provocations, ni bons mots.

Parmi ces derniers, la baronne de L...., qui avait un domino bleu avec une couronne de roses bleues sur la tête, fut surtout opiniâtrement attaquée par la Barbe-Bleue, qui mettait en œuvre tous les moyens possibles pour l'intriguer. Enfin, tourmentée et ennuyée de ses interminables plaisanteries, elle cherchait toutes les voies possibles pour s'en débarrasser : « Seras tu bientôt à ta troisième femme ! » lui dit en riant la baronne, sans connaître pourtant en aucune manière l'à-propos de la question, puisqu'elle ne savait pas quel était le redoutable masque à qui elle avait affaire.

Ces mots firent pourtant un effet magique sur la Barbe-Bleue; ils arrêtèrent subitement l'élan de ses saillies et de sa gaîté ; à peine furent-ils prononcés qu'il se tut. La baronne, étonnée de l'effet de ses insignifiantes paroles, et ne pouvant comprendre qu'un homme fût aussi vivement blessé d'une pareille question, insista pour connaître les motifs d'un silence aussi étonnant.

Le masque resta quelque temps immobile et muet ; enfin, comme elle lui demandait avec instance pourquoi il ne répondait pas ? *parce que tu es une méchante*, dit-il, en reprenant sa voix naturelle ; et il quitta brusquement la baronne.

Ce peu de mots firent à leur tour sur la baronne l'effet de la foudre ; elle venait d'insulter aux sentiments du maître tout puissant devant qui tremblait l'Europe ; elle avait attaqué le cœur de l'homme et du souverain ; elle avait lancé un sarcasme sanglant, et pour comble de malheur, un sarcasme qui n'était sanglant que pour lui.

Les paroles foudroyantes : *tu es une méchante*, retentissaient dans ses oreilles comme une annonce fatale de disgrâce et de colère. Elle voyait la place qu'elle tenait à la cour perdue, tous les limiers de la police acharnés à la poursuivre ; enfin, elle s'attendait aux redoutables conséquences de la vengeance de Napoléon.

Dans l'excès de sa frayeur, elle arracha précipitamment de sa tête la couronne de roses bleues, et elle la jeta sous une banquette ; elle sortit ensuite au plus tôt pour aller quitter son domino compromis.

Quinze jours se passèrent pour elle dans les transes et les angoisses de la frayeur ; son père, son mari, son frère, occupaient les premières dignités dans les armées, et l'imagination d'une femme va si vite quand il s'agit de calculer les effets et la portée d'une vengeance! Elle craignait sans cesse de voir s'appesantir sur eux le bras terrible de Napoléon.

Enfin, un jour de grande réception arriva; la baronne de L...., se rendit en tremblant aux Tuileries; elle attendait, en frémissant, l'apparition de l'empereur; il parut, l'accueillit avec plus de bienveillance qu'à l'ordinaire, et la laissa convaincue que s'il connaissait le domino bleu, il n'avait voulu se venger de sa cruelle et sanglante plaisanterie que par la bienveillance et la bonté.

Combat de Castiglione.

L'armée française, sous les ordres de Bonaparte, et l'armée autrichienne, commandée par le feld maréchal Wurmser, se trouvèrent en présence au village de Castiglione, le 5 août 1796. Celle des Autrichiens y fut complétement battue, et perdit environ trois mille hommes tués ou faits prisonniers, vingt piéces de canon et cent vingt caissons de munitions.

Ce combat de Castiglione, dit Salgues dans ses Mémoires, est peut être de tous les faits d'armes de Bonaparte celui qui l'honore davantage. Courage, présence d'esprit, activité, génie militaire, il déploya tout dans cette grande et mémorable circonstance. La moindre hésitation, la faute la plus légère perdait l'armée française : le talent d'un seul homme la sauva. Il est vrai que le courage, l'habileté et le dévouement de ses officiers généraux le secondaient puissamment. Augereau, Masséna, Mamont, Dallemagne, Berthier, Serrurier, etc., se distinguèrent par des traits d'héroïsme dont aucune autre armée ne donnait d'exemples. C'était une pépinière d'habiles et audacieux capitaines.

Belle réponse de Bonaparte.

Une dame se trouvant un jour à dîner avec Bonaparte, après ses premières campagnes d'Italie, fatigua le héros d'éloges sans mesure. *Que peut-on être dans le monde*, s'écria-t-elle avec enthousiasme, *quand on n'est pas le général Bonaparte?* Il lui répondit : *Madame, on peut être une bonne mère de famille.*

La Prédiction accomplie.

L'empereur Alexandre, jaloux de venger ses défaites pendant la campagne d'Autriche, forma une alliance avec la Prusse. Cette alliance fut entremêlée de scènes chevaleresques et dramatiques ; et il ne fut plus permis de douter que la guerre allait recommencer avec autant d'éclat que de fureur. Des préparatifs immenses furent faits de part et d'autre; Napoléon, pendant quelques jours, ne fut occupé que de ses cartes géographiques, et lorsqu'il eut acquis une connaissance exacte des positions des ennemis, il dit : *L'armée sera le 8 octobre 1806 en présence des ennemis; je les battrai le 10 à Scalfeld; ils se retireront sur Iéna ou Weymar, où je les battrai encore. Le 14 ou le 15, j'aurai détruit l'armée prussienne. Avant la fin du mois, mes aigles victorieuses seront dans Berlin.* Tout arriva comme Napoléon l'avait prévu.

Effets d'une sensation involontaire.

En l'an **11**, Bonaparte voyageant dans les départements, séjourna à Amiens Une jeune demoiselle,
ornée des grâces de la beauté et de la candeur, le
suivit de plus près qu'il lui fût possible. Plusieurs
fois déjà elle s'était trouvée sur son passage. Au
moment enfin où il allait entrer dans une des ma-
nufactures de la ville, cette intéressante personne le
regarda avec la plus vive émotion; puis cédant à
l'impression qu'elle ressentait, elle tomba à ses
pieds, et laissa voir que ce mouvement n'était que
l'effet d'une sensation involontaire, car elle ne put
rien lui dire. Elle n'avait aucun acte de justice à
solliciter, aucun droit à réclamer, aucune grâce à
demander. En un mot, il paraît que l'idée qu'elle
s'était faite d'un grand homme, dont elle s'était
déjà sans doute occupée, était la seule cause de cette
démarche; Bonaparte la releva avec émotion, et lui
parla avec une bienveillance qui la remit bientôt à
elle. Madame Bonaparte s'informa de sa demeure,
et lui envoya le même soir, un portrait du premier
consul, peint par Isabey : ce portrait était entouré
d'un joli médaillon, et enfermé dans une très jolie
boîte.

Pensée de Napoléon.

C'est dans les temps difficiles que les grandes nations comme les grands hommes déploient toute
l'énergie de leur caractère, et deviennent un objet
'admiration pour la postérité.

                                        NAPOLÉON.

Les nobles Trophées.

L'empereur, dans sa glorieuse campagne contre
la Prusse, ayant trouvé à Postdam, l'épée du grand
Frédéric, la ceinture que ce monarque avait portée
dans la guerre de sept ans, et le grand cordon de
ses ordres, dit en saisissant ces nobles trophées·

« Je les préfère à tous les trésors du roi de Prusse ;
je les enverrai à mes vieux soldats des campagnes
du Hanovre ; le gouverneur des Invalides les gar-
dera comme un témoignage des victoires de la
Grande-Armée, et de la vengeance qu'elle a tirée
des désastres de Rosbach. »

Le Déjeuner de huit francs.

Lorsqu'il était à Paris, Napoléon était dans
l'usage de sortir pour aller faire des remarques dans
la ville, soit sur les boulevarts, soit dans l'intérieur, seul avec le maréchal Duroc, vêtus l'un et
l'autre d'une redingote bleue, sans aucune espèce
de décoration. Il était rare qu'il ne leur arrivât pas
quelque chose de remarquable. Souvent l'empereur
donnait à peine à son grand-maréchal le temps de
s'habiller, et ce dernier n'avait pas même la précaution de mettre de l'argent sur lui, tant il était
pressé ; quant à Napoléon, il n'en portait jamais.

Un jour que Napoléon et Duroc firent une grande
tournée, l'empereur ayant faim, entra dans un café
au coin du boulevart, et demanda des côtelettes et
une omelette, qui étaient ses mets favoris. Lorsqu'ils eurent déjeuné, il fallut payer : le grand-
maréchal fouille dans sa poche, et s'aperçoit qu'il a
oublié sa bourse ; les voilà qui se regardent mutuel-
lement et fort embarrassés. Le garçon, qui s'aperçut de leur gêne, leur assura que s'ils étaient sans
argent cela était égal ; qu'ils paieraient en repassant.
La maîtresse du café prit de l'humeur, reprocha à
son garçon sa trop grande facilité pour faire crédit
à des gens qu'il ne connaissait pas, et dit : « Voilà

encore 8 francs de perdus! — Non, Madame, lui répondit le garçon, car je vais vous les payer : ces Messieurs ont l'air honnête, et je suis sûr qu'ils me les rendront. »

La maîtresse prit les 8 francs, tout en grognant après ceux qui faisaient de la dépense avant de savoir s'ils avaient de l'argent. Alors le maréchal tire sa montre, et dit au garçon : « Mon ami, voilà ma montre que je vous laisse pour gage de votre avance, et je vous remercie pour moi et pour mon camarade de la bonne opinion que vous avez de nous. »

Le garçon ne voulut jamais prendre la montre, et voilà les deux déjeuneurs partis. Ils oublient leur déjeuner, étant assez préoccupés l'un et l'autre pour n'en pas conserver le souvenir. Pendant quelques jours la maîtresse du café persiflait son garçon sur sa générosité, dont il était si mal récompensé : enfin le cinquième jour, l'empereur se rappelle le déjeuner du boulevart et la confiance du garçon limonadier. Il envoie de suite un valet de pied, qui, en arrivant au café, demande si ce n'est pas ici que deux Messieurs ont déjeuné pour 8 francs, que le garçon a payés ; et il ajoute qu'il vient pour les lui rendre. On appelle le jeune homme. Après s'être assuré que c'était bien lui, le valet de pied lui dit : « Voici vingt-cinq napoléons que l'empereur vous envoie, en vous remerciant d'avoir soldé la carte de son déjeuner, et répondu pour lui. »

Opinion de Napoléon sur Masséna.

Napoléon connaissait et savait apprécier ses généraux. « Masséna, dit-il, était un homme d'un talent supérieur. Néanmoins, il faisait généralement de mauvaises dispositions avant une bataille; et ce n'était que lorsque les hommes tombaient de tous côtés, qu'il commençait à agir avec ce jugement qu'il aurait dû montrer auparavant. Au milieu des morts et des mourants, de la grêle de balles qui moissonnait tout autour de lui, Masséna était toujours lui-même. Il donnait ses ordres, et faisait ses dispositions avec le plus grand sang-froid et le plus grand jugement : voilà *la vera nobilita di sangue*. On disait avec vérité de Masséna qu'il ne commençait jamais à agir avec discernement que lorsque la chance d'une bataille se déclarait contre lui.

Les marionnettes.

Les Marionnettes, comédie de Picard, venaient de paraître. Napoléon les fit jouer à Saint-Cloud. Après le spectacle, se trouvant au milieu de ses courtisans, le surintendant vint lui demander si l'ouvrage l'avait amusé. « Oui, répondit-il; mais quelque plaisantes que soient *les marionnettes* de M. Picard, elles le sont moins que celles que je voyais dans les loges et à l'orchestre. »

Opinion de Napoléon sur les ouvrages stratégiques.

Quelques jours avant son départ pour sa troisième guerre contre l'Autriche, laquelle se termina par le traité de Presbourg, il dit à un conseiller d'État qui était auprès de lui : « Vous vous imaginez peut-être que c'est pour avoir suivi les règles et les préceptes des ouvrages de tactique étalés dans mon cabinet, que j'ai vaincu tant de fois les armées autrichiennes, commandées par les plus fameux généraux de l'Europe. Je veux que vous sachiez que je n'étudie ces livres que pour ne pas mettre en pratique la plupart des leçons qu'ils nous donnent, et que les généraux étrangers suivent avec la plus grande docilité. Nous ne nous battons plus comme autrefois ; et sur ce vaste échiquier qu'on nomme champ de bataille, je découvre tous les jours de nouveaux coups qui doivent infailliblement faire échec et mat nos ennemis les plus fiers de leur science. Tous les métiers se simplifient à la longue, et celui de la guerre comme les autres. Sans une grande perte d'hommes, nous obtenons de plus grands résultats qu'autrefois. Les premiers généraux de la révolution ne pouvaient pas faire la guerre comme Turenne ; ils ont suivi une autre méthode, et elle leur a parfaitement réussi, quoique la plupart n'eussent jamais étudié la stratégie. Où Brune, Moreau, Jourdan, Serrurier, Masséna, ont-ils appris l'art de vaincre ? dans les livres ? non, sur les champs de bataille. De la bravoure, du sang froid, un coup d'œil juste, de bons officiers, de bons soldats, de bons canonniers et une nombreuse artillerie, voilà tout ce qu'il faut contre les généraux stationnaires de l'Autriche. J'espère bien me tirer de cette campagne contre l'empereur François et les Russes, ses alliés. » Son espérance ne fut pas trompée à Austerlitz.

Tact exquis de Napoléon.

Le grand art de discerner les esprits, si rare

parmi ceux qui s'ingèrent dans le gouvernement des
nations, cet homme extraordinaire le possédait au
plus haut degré. Ainsi, dans le conseil d'État,
comme dans le sénat, il avait placé nombre de
sujets, ennemis du principe monarchique. « Je sais,
» disait-il, ce qu'ils pensent, et quelle est leur ma-
» rotte; mais ce sont des hommes probes et ins-
« truits, dont je puis me servir utilement, et qui
« rempliront bien les fonctions qui leur seront con-
« fiées. Je leur serrerai la bride s'ils regimbent, je
« leur donnerai des coups d'éperons, et s'ils ne
« marchent pas assez vite, je les forcerai au
« galop. »

La maison de Saint-Denis.

Napoléon, pendant les cent jours, visita la maison de Saint-Denis; les élèves furent si contentes
de le voir, qu'elles l'entouraient, le pressaient en
cherchant à toucher ses vêtements, et se livraient
à une joie bruyante. La surintendante voulut leur
imposer silence : « Laissez, laissez, dit Napoléon,
cela fait mal à la tête, mais bien au cœur. »

Junot.

A l'attaque de Toulon, Napoléon se trouvait auprès d'une compagnie de grenadiers fortement ex-
posée au feu de l'ennemi. Ayant besoin de donner
un ordre pressé, il dit au capitaine Ragois qui com-
mandait cette compagnie, et l'un des plus braves
soldats de l'armée, d'écrire ce qu'il allait lui dic-
ter. Ragois savait bien se battre, mais il n'aimait

pas à écrire : il répondit qu'il allait appeler le bel esprit de la compagnie. *Eh! Junot, Junot, hors des rangs.....* Junot vient, prend la plume et du papier, met un genou en terre, et écrit tout ce que lui dicte Napoléon qui n'était pas descendu de cheval. Comme Junot finissait d'écrire, un boulet de canon vint entre lui et Napoléon et lui labourer la terre, et faire voler la poussière sur le papier que Junot tenait sur son genou ; Junot se leva en riant et fit une grande révérence au boulet, en disant : *Il faut être poli avec tout le monde, et je remercie ce boulet de m'avoir épargné la peine de me baisser pour ramasser de la poussière.* La gaîté et le sang-froid de Junot charmèrent Napoléon ; il l'attacha à sa personne.

Monsigny.

Napoléon étant un jour au spectacle, vit le *Déserteur*. Il en fut si content, qu'il demanda à M. Picard, qui était dans sa loge, de qui était cette musique. Apprenant que Monsigny, son auteur, était entièrement ruiné par la Révolution, et qu'il n'avait pour lui et sa famille qu'une faible pension de Feydeau, il lui en accorda une de 6,000 fr., et le nomma chevalier de la Légion-d'Honneur.

Mademoiselle Mars.

On sait que Napoléon accordait souvent au tragédien Talma l'honneur d'être admis auprès de lui pendant son déjeuner. Mademoiselle Mars, lors de son séjour à Dresde, reçut la même distinction. Au nombre des questions que l'empereur lui fit, il y en eut une qui était relative à son début : « Sire répondit-elle avec une grâce qui lui était habituelle, j'ai commencé toute petite. Je me suis glissée sans être aperçue... — Sans être aperçue!... vous vous trompez... vous voulez dire apparemment que vous avez forcé peu à peu l'admiration. Croyez, au reste, Mademoiselle, que j'ai toujours applaudi, avec toute la France, à vos rares talents. »

Après son retour à Paris en 1815, Napoléon passa ses troupes en revue pendant deux jours consecutifs sur la place du Carrousel. Il reconnut, parmi les spectateurs, mademoiselle Mars qui s'était avancée jusque dans les rangs des soldats, afin de mieux voir le spectacle qui était devant elle. Napoléon s'étant approché, lui dit : « Que faites-vous là, mademoiselle Mars? cette place n'est pas très-convenable pour vous. — Sire, répondit la spirituelle actrice, je suis ennuyée de voir au théâtre la charge des héros, et j'ai voulu en contempler un véritable. »

Napoléon protégé par la fortune.

Napoléon, échappé comme par miracle aux flottes anglaises qui tenaient la mer lors de son retour d'Égypte en France, eut encore le bonheur, quelque temps après sa nomination au consulat, de tromper l'espoir des scélérats qui voulaient attenter à ses jours par le fer et le feu ; ce qui a inspiré à une muse latine le distique suivant :

Te petit ense scelus, fluctu mare, tartara flammis,
Arma, ratem, currum, ter regit ipse Deus.

Ce qu'on a rendu en français de la manière suivante :

> Le feu, le fer et la mer en furie,
> De tes jours menaçaient d'abréger la série ;
> Un Dieu, veillant sur toi, par un bienfait nouveau,
> Sut détourner les coups de ce triple fléau.

Le vieille et Napoléon.

Napoléon qui ne haïssait pas la flatterie, racontait l'anecdote suivante, pour prouver le sentiment général de la France en sa faveur.

« Lors de mon retour d'Italie, disait-il, comme ma voiture montait la côte escarpée de Tarare, je descendis pour la suivre à pied sans domestiques, comme cela m'arrivait souvent. Mon épouse et ma suite étaient à quelque distance derrière moi. Je vis une vieille femme, estropiée et boitant, qui cherchait, à l'aide d'une béquille, à gravir la montagne. J'avais une redingote et elle ne me reconnut pas.

— « Eh bien! ma bonne, lui dis-je, où allez-vous avec un empressement si peu d'accord avec votre âge ? Qu'est-il donc arrivé ?

— « Ma foi, répondit la vieille, on m'a dit que l'empereur était ici, et j'ai voulu le voir avant de mourir.

— « Bah! bah! qu'avez-vous besoin de le voir ? Qu'avez-vous gagné avec lui ? c'est un roi tout comme un autre.

— « Monsieur, cela peut être; mais après tout il est roi du peuple. Nous l'avons choisi, et si nous devons en avoir un, c'est la moindre chose qu'il soit de notre choix. »

Ce que pensait Napoléon des Algériens.

Napoléon à Sainte-Hélène, s'entretenant un jour avec un anglais sur l'expédition de lord Exmouth contre les Algériens, lui dit : « Les Algériens ne tiendront aucun traité; c'est une honte pour les puissances de l'Europe de laisser subsister tant de repaires de voleurs. Les Napolitains eux-mêmes, au lieu de se laiser piller, pourraient les détruire ; ils ont à peu près cinquante mille matelots tant sur le continent qu'en Sicile, et ils pourraient facilement avec leur marine empêcher un seul vaisseau de quitter les côtes de Barbarie. » L'anglais lui répondit que les Napolitains étaient si poltrons, que les Algériens avaient pour eux le plus grand mépris. « Ils sont aussi poltrons sur terre, répondit Napoléon, mais on peut remédier à leur couardise par de bons officiers et une sage discipline. A Amiens, j'ai proposé à votre gouvernement de se joindre à moi pour détruire entièrement ces nids de pirates ou au moins pour brûler leurs vaisseaux, démolir leurs forteresses, les forcer à cultiver leurs terres et à renoncer à leur brigandage. Mais vos ministres n'ont pas voulu consentir à cette union, par une basse jalousie contre les Américains, avec qui les Barbaresques étaient alors en guerre. Je voulais les anéantir, bien que cela m'importât peu, parce qu'ils respectaient mon pavillon, et qu'ils faisaient un commerce très-étendue avec Marseille...»

La spéculation manquée.

Un passager avait, par spéculation, apporté a

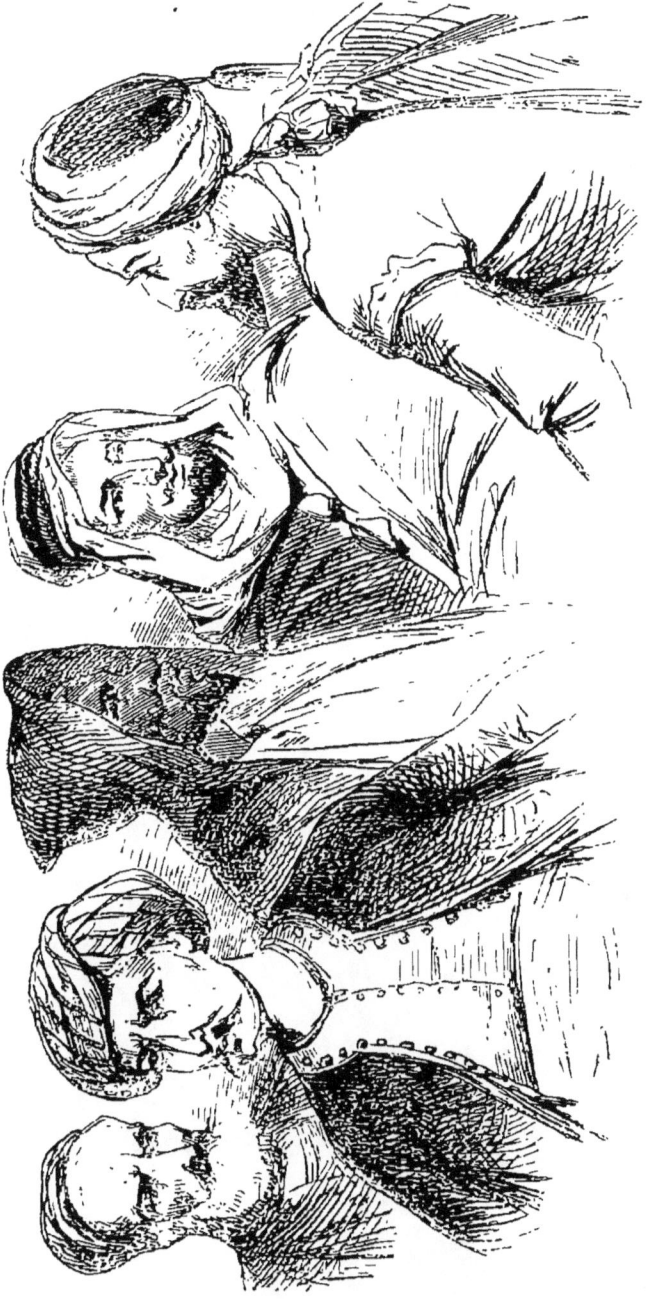

cap de Bonne-Espérance, où il aborda en l'an XII,
quelques-uns des petits bustes de Napoléon. On se
les disputa avec une telle ardeur, que ce marchand,
au milieu de sa petite fortune, s'écria, dans un
transport de désespoir : « Je suis un grand coquin
de n'en avoir apporté que six, deux douzaines de
Bonaparte de plus, et ma fortune était faite.

C'est à qui n'oscra pas.

Napoléon ayant appris que la Prusse et la Russie
hésitaient à marcher contre lui, il dit au duc de
Vicence (Caulincourt) : « Mes ennemis se sont donné
rendez-vous sur ma tombe, mais c'est à qui ne
viendra pas le premier. »

Effets de la surprise.

A l'époque de l'entrevue d'Erfurt, Napoléon faisait un jour les honneurs de sa table aux empereurs,
rois et sous-rois du continent qui s'y trouvaient
réunis. Le vainqueur d'Austerlitz eut l'occasion de
relever un petit anachronisme échappé au prince-
primat sur l'origine de la bulle-d'or, qui, jusqu'à
l'établissement de la confédération du Rhin, avait
servi de constitution et de réglement pour l'éducation des empereurs, etc... « C'est vrai, Sire, reprit
le prince-primat, je me trompais; mais comment
se fait-il que Votre Majesté sache si bien ces choses-
là ? — *Quand j'étais simple lieutenant en second
d'artillerie*, dit Napoléon. » A ce début, il y eut,
de la part des augustes convives, un mouvement
d'intérêt très-marqué. Il reprit en souriant : « Quand

j'avais l'honneur d'être simple lieutenant en second d'artillerie, je restai trois années en garnison à Valence. J'aimais peu le monde et vivais très-retiré. Un hasard heureux m'avait logé près d'un libraire instruit et des plus complaisants..... J'ai lu et relu sa bibliothèque pendant ces trois années de garnison, et n'ai rien oublié, même des matières qui n'avaient aucun rapport avec mon état. »

Oberkampf.

Ami de ces hommes célèbres, Oberkampf eût pu être leur collègue dans le Sénat. Ce corps se formant alors, il refusa d'y siéger, et, comme son refus était sincère, il réussit dans ses démarches actives pour conserver sa noble liberté. L'Empereur voulut connaître un homme qui, après avoir comme lui fondé de ses propres mains sa fortune et sa renommée, repoussait les honneurs et leur dépendance. Il visita Jouy, et détachant de sa boutonnière sa croix d'or de la Légion d'honneur, il l'attacha sur l'habit d'Oberkampf en lui disant que

personne n'était plus digne de la porter. Depuis
lors il arriva quelquefois à Napoléon de consulter
le sens éminemment droit et la haute sagacité du
modeste fabricant qu'il appelait LE SEIGNEUR DE
JOUY. « Vous et moi, lui disait-il un jour, nous faisons une bonne guerre aux Anglais; vous par votre
industrie et moi par mes armes. » Puis il ajouta
avec une vérité dont il ne soupçonnait pas l'éten-
due prophétique : « C'est encore vous qui faites la
meilleure ! » C'était le temps où, voulant contribuer
à disputer à nos voisins un autre genre de prospérité, Oberkampf élevait à quelques lieues de Jouy
la filature et la tisseranderie de Chantemerle, à
Essonne, magnifique établissement, le plus beau
qui eût été consacré en France à la naturalisation
de cette branche importante de la richesse publique.
De la sorte, il recevait le coton en balles, le filait,
le tissait dans ses propres ateliers et ne le rendait
qu'en toiles peintes.   N.-A. DE SALVANDY.

Définitions du bonheur et du malheur.

« Il n'y a, dit Napoléon, ni bonheur ni malheur
dans le monde ; la seule différence, c'est que la vie
d'un homme heureux est un tableau à fond d'argent avec quelques étoiles noires, et la vie d'un
homme malheureux est un fond noir avec quelques
étoiles d'argent. »

La précaution utile.

L'empereur mangeait très-vite ; à peine s'il restait douze minutes à table. Lorsqu'il avait fini de

dîner, il se levait et passait dans le salon de famille:
l'impératrice Joséphine suivait S. M., ainsi que les
dames du Palais : un jour que le prince Eugène se
levait de table immédiatement après l'empereur,
celui-ci se retournant lui dit : « Mais tu n'as pas
eu le temps de dîner, Eugène ? — Pardonnez-moi,
j'avais dîné d'avance. »

La croix d'honneur.

A une revue, Napoléon aperçut dans les rangs
d'un régiment de ligne, un vieux soldat, dont le
bras était décoré de trois chevrons. Il le reconnut
aussitôt pour l'avoir vu à l'armée d'Italie : « Eh
bien ! mon brave, pourquoi n'as-tu pas la croix?
tu n'as pourtant pas l'air d'un mauvais sujet. —
Sire, répondit la vieille moustache, avec une gra-
vité chagrine, on m'a fait trois fois la queue pour
la croix. — On ne te la fera pas une quatrième ;
reprit l'empereur. » Il ordonna au maréchal Berthier de porter sur la liste de la plus prochaine pro-
motion, le brave, qui fut en effet bientôt chevalier
de la Légion-d'Honneur.

L'impertinence punie et ensuite pardonnée.

Il y avait en Italie un parti qui détestait également les changements, l'armée française qui en
était l'instrument, et le jeune chef qui en était l'auteur. Dans ce parti figurait un artiste célèbre, le
chanteur Marchesi. Le premier consul l'avait fait
demander, et le musicien s'était fait prier pour se
déranger; enfin, il s'était présenté, mais avec touts

l'importance d'un homme qui se croit blessé dans sa dignité. Le costume très-simple de Bonaparte, sa petite taille et son visage maigre et payant peu de mine, n'étaient pas fait pour en imposer beaucoup au héros de théâtre : aussi le général en chef l'ayant bien accueilli, et fort poliment prié de chanter un air, il avait répondu par ce mauvais calembourg, débité d'un ton d'impertinence que relevait encore son accent italien : *Sinor zénéral, si c'est oun bon air qu'il vous faut, vous en trouverez oun excellent en faisant oun petit tour de zardin.* Le signor Marchesi avait été, pour cette gentillesse, sur-le-champ mis à la porte, et le soir envoyé en prison. Napoléon l'envoya chercher de nouveau, et le pria de chanter. L'artiste, devenu plus modeste, se rendit aux désirs du premier consul : la paix fut faite entre les deux puissances, et Marchesi ne fit plus que chanter les louanges de Napoléon.

Trait de bonté de Napoléon.

Un jeune homme sortait à peine de l'enfance ; ayant été assez heureux pour donner une preuve de dévoûment qui avait été remarquée, l'empereur lui demanda quelle carrière il voulait suivre, et, sans attendre la réponse, en désigna une lui-même ; à quoi le jeune homme ayant observé que la fortune de son père ne le lui permettrait pas : « Que vous importe, reprit vivement Napoléon, *ne suis-je pas aussi votre père ?* »

La demande octroyée.

Lors de son voyage à Boulogne et sur les côtes,

Napoléon, en passant la revue d'une division de l'armée, un soldat de la 4e lui présenta les armes et lui dit :

« En l'an v, j'ai partagé avec vous un pain de munition dans les gorges de Bassano, et cela vous a été fort utile; car vous aviez bien faim, et vous ne pouvez l'avoir oublié. Je vous demande donc d'en faire autant pour mon père qui est vieux et infirme. J'ai reçu cinq blessures dans les armées; j'ai été fait caporal et sergent sur le champ de bataille : j'espère être sous-lieutenant à la première affaire.»

Napoléon se ressouvint parfaitement de l'anecdote, et fit droit à sa demande.

Jacquard.

Avant la paix d'Amiens, la Société royale de Londres avait proposé un prix considérable pour l'inventeur d'un procédé mécanique applicable à la confection des filets. Un extrait de ce programme, traduit par un journal français, tombe sous les yeux de Jacquard dans une réunion de ses amis. Dès ce moment il a la conscience de sa vocation. Après bien des essais infructueux, la machine est trouvée, Jacquard fabrique un filet, le met dans sa poche et n'y pense plus. Un jour, cependant, se rencontrant avec un ami qui avait entendu lire le programme, il jette le filet sur la table et s'écrie : « Voici la difficulté résolue. » C'était assez pour lui d'avoir réussi, il ne s'occupait pas autrement des résultats de la découverte ni du prix proposé.

A quelque temps de là Jacquard se voit mandé chez le préfet: grande fut sa surprise. « J'ai entendu parler, lui dit le magistrat, de votre habileté dans le mécanisme. » Jacquard n'y concevait rien, et se confondait en excuses; le filet lui était sorti de la mémoire ainsi que la machine qui l'avait produit. Son étonnement redoubla quand le préfet, lui montrant le filet, ajouta : « J'ai ordre du premier Consul d'envoyer la machine à Paris. » En peu de jours le mécanisme, rétabli et complété, fut mis sous les yeux du préfet avec un filet à demi tissé. Il put lui-même compter le nombre des mailles, frapper du pied la barre et ajouter une maille au tissu. « Vous entendrez parler de moi, s'é ria-t-il à la vue de cette merveille. » Le résultat ne se fit pas longtemps attendre. En effet, Jacquard, mandé de nouveau à la préfecture, y reçut un accueil qui n'était guère de nature à le rassurer : « Vous allez partir pour Paris, Monsieur Jacquard, dit le préfet, par ordre du premier Consul. — Pour Paris, monsieur? Cela se peut-il? Qu'ai-je donc fait? Comment puis-je laisser là mes affaires? — Non-seulement vous partirez pour Paris, mais vous partirez aujourd'hui même, et à l'instant. »

En effet, une chaise de poste attendait le mécanicien et l'emporta rapidement vers la capitale sous l'escorte d'un gendarme qui ne devait pas le perdre de vue.

Jacquard n'était jamais venu à Paris. On le mena droit au Conservatoire, où les premières personnes qu'il vit furent Napoléon et Carnot. Carnot lui dit brusquement : « Est-ce vous qui prétendez faire ce que Dieu lui-même ne ferait pas, de former un nœud sur une corde tendue? » Jacquard fut interdit par la présence du maître et la brusquerie du ministre; il ne put répondre un seul mot.

Mais Napoléon, avec cette condescendance des esprits supérieurs, le rassura, lui promit sa protection et l'encouragea à poursuivre ses recherches. Ce fut l'origine de sa fortune et de sa gloire.

Le voilà installé au Conservatoire. On lui ordonne de construire une machine pour la confection des filets, et il la construit. Tous le secrets de la mécanique qu'il ne lui a pas été donné d'étudier dans les livres ni avec les yeux de la science, il les prend là sur le fait, au milieu de toutes les merveilles de l'industrie. Bientôt, grâce à la protection de Napoléon, il découvrira le principe qui domine

toutes les combinaisons du tissage. Un châle ma
gnifique, tissé pour l'impératrice Joséphine, lui
donne l'idée d'appliquer à ces ouvrages de luxe un
mécanisme plus simple et moins onéreux ; une machine oubliée de Vaucanson sera pour lui cette lu-
mière qui fait jaillir la puissance d'invention.

La machine qui porte le nom de Jacquard parut à
l'exposition de 1801. Le premier Consul récom-
pensa cette admirable découverte par une pension
annuelle de 6,000 fr. ; il avait prévu la révolution
qu'elle devait opérer dans l'industrie. Le jury se
montra moins clair-voyant ; « Une médaille en
bronze est accordée à M. Jacquard, inventeur d'un
mécanisme qui supprime un ouvrier dans la fabrication des tissus brochés. » Ce sont les propres
termes du rapport.

Le besoin est l'excuse de ces erreurs. Le métier
Jacquard supprimait, en effet, un ouvrier dans
la fabrication des étoffes de soie, et les hommes
égarés qui le repoussaient n'avaient pas compris
qu'en simplifiant les rouages de la production, il
devait multiplier le travail en donnant à l'industrie
française le moyen de livrer ses produits à meilleur
marché.

Léon FAUCHER.

Le travail est mon élément ; je suis né et construit
pour le travail. J'ai connu les limites de mes jambes,
j'ai connu les limites de mes yeux, je n'ai jamais pu
connaître celles de mon travail.

L'Arc de Triomphe.

Le soleil qui s'était levé radieux, le 21 décembre 1840, n'a été obscurci par des nuages qu'à de courts intervalles, et pour ajouter à la pompe et à la magie de la solennité. Au moment où le char est parti de Neuilly, lorsqu'il s'est arrêté sous l'Arc-de-Triomphe de l'Étoile, sur la place de la Concorde et devant les Invalides, on a pu remarquer que le soleil resplendissait d'un vif éclat et réfléchissait ses rayons lumineux sur cette masse éblouissante de dorures où reposait le corps de Napoléon. Cet effet pittoresque, et en quelque sorte surnaturel pour la saison, rappelait à tout le monde ces vers si connus de Béranger, notre grand poëte national :

Le Maréchal Moncey.

LE MARÉCHAL MONCEY, DUC DE CONÉGLIANO, s'est fait rouler dans un fauteuil jusqu'aux marches du chœur des Invalides. Il a, ensuite, monté ces marches avec la plus grande peine, soutenu par deux lieutenants généraux. On racontait avec émotion, dans le public, que, depuis quelques jours, l'honorable maréchal Moncey avait pris un soin extrême de sa santé. Chaque jour il consultait le médecin en chef des Invalides, et lui demandait : « Vivrais-je jusqu'au 15 décembre? » Lorsque l'absoute a été dite, il s'est rapproché du catafalque pour jeter, lui aussi, un peu d'eau bénite sur le cercueil de son ancien ami; on l'a ensuite entendu prononcer ces mots : « Maintenant je puis mourir. » Le maréchal Moncey avait quatre-vingt-sept ans ; il est mort le

Notre gravure le représente remettant une médaille à l'élève le plus méritant d'une école fondée par lui au village de Moncey, près Besançon, dans le département du Doubs.

L'À-propos.

Napoléon, dans une revue, sur la place du Carrousel, tomba de cheval, ce qui lui arrivait assez souvent, car il montait plutôt en hussard téméraire et intrépide qu'en habile écuyer. Un jour il fit une chute violente ; son chapeau avait été lancé à quelques pas de lui, un jeune homme de l'école polytechnique le ramasse et le lui présente: « Je te remercie, capitaine, dit Napoléon. — Dans quel régiment, Sire ? — Dans ma garde. »

Il aimait à la passion ces ripostes fermes et énergiques, cette manière large de dire ou de faire ; et tout homme timide, militaire ou administrateur qui balbutiait, était aussitôt perdu dans son opinion : « Cet homme, ajoutait-il, quand il voulait déprécier quelqu'un, n'a pas l'*ampleur* des circonstances. »

Ce qui lui déplaisait aussi beaucoup, c'était de trouver un général raisonneur ; ce qui a fait dire à un homme de beaucoup d'esprit que « Napoléon n'aimait pas à rencontrer dans le même personnage *un sabre et une opinion.*»

Titres de Noblesse.

« L'empereur François, dit Napoléon au docteur O'Méara, qui attache le plus haut prix à l'ancienneté de la naissance, désirait vivement pouvoir prouver que je descendais en ligne directe d'un des anciens tyrans de Trévise, après mon mariage avec Marie-Louise : il employa diverses personnes pour compulser de vieux titres de noblesse, dans lesquels il pensait trouver la preuve de ce qu'il désirait avec tant d'ardeur. Il crut avoir réussi, et il m'écrivit pour me demander si je voulais laisser publier le résultat de ses importantes recherches, revêtu de toutes les formes officielles, je refusai. Il avait tellement cette affaire à cœur, qu'il m'écrivit de nouveau, et me dit : *laissez-moi faire*, en ajoutant que je n'avais nul besoin de paraître prendre part à la chose. Je répondis qu'il était impossible de faire croire qu'un document qui avait pour objet de prouver l'ancienneté de ma famille, et d'une descendance masculine d'une souche souveraine, pût-être recueilli et publié sans ma participation, que j'aimais mieux passer pour le fils d'un honnête homme, que pour l'arrière-petit neveu d'un obscur tyran de l'antique Italie; que j'étais le Rodolphe de Hapsbourg de ma famille.

Napoléon, et Amélie Wilhelmine, reine de Prusse.

La Prusse exigeait autrefois de la république française, pour prix de sa neutralité, trente millions par an. Napoléon, plein des souvenirs de cet affront, jura d'en tirer vengeance. Le 27 octobre 1806, il fit son entrée dans la capitale de la Prusse. Iéna, victoire signalée du 14 du même mois, fut la caisse où elle donna désistement et quittance définitive de ces trente millions. Dans cette nouvelle conquête, on se plaît à jeter ses regards sur la belle reine de Prusse. Elle devint pour notre Alexandre l'épouse d'un autre Darius.

Ce fut à Tilsitt que Napoléon vit cette princesse pour la première fois. C'est une belle femme, dit-il, s'adressant à un de ses généraux ? — *Ce sera*, ré-

pondit le courtisan, *une rose près d'une touffe de
lauriers.*

L'empereur fut on ne peut plus galant avec la
princesse; et, composant un bouquet de roses et
d'immortelles qu'il cueillit dans des vases de por-
celaines, il le lui offrit. — Nous nous connaissons
bien peu, dit la reine, les joues soudain colorées du
fard de la pudeur..... — L'empereur insista : —
Acceptez, acceptez Madame ; c'est un doux présage
de l'amitié que je vous voue. — La reine, pâle et
tremblante, reçut les fleurs ; et, s'enhardissant sur
de si belles offres, elle osa demander la place de
Magdebourg pour son fils.... — « Magdebourg !....
Magdebourg! reprit Napoléon, comme un homme
qui se dérobe à la séduction de ses sens, vous n'y
songez pas, Madame, vous n'y songez pas!..... » et
il la quitta.

Il n'en est pas moins vrai que l'infortunée princesse obtint de Napoléon des compositions fort avan
tageuses pour son époux, qu'elle lui conserva la
moitié de ses états; mais après tous les chagrins
que son cœur avait éprouvés, la douleur qu'elle ressentait de voir la Prusse ensanglantée, opprimée,
une maladie de langueur la conduisit en peu de
temps au tombeau.

Adieux de Napoléon à sa vieille Garde.

Ce fut à Fontainebleau, que Napoléon signa son
abdication à la couronne de France, et que son départ pour l'île d'Elbe fut fixé au 20 avril 1814.
L'empereur descend dans la cour du palais. . Plus
de grands dignitaires, plus de maréchaux autour de

lui : tous ont successivement disparu....., le soleil
de la faveur s'était levé sur un autre point : mais
Napoléon retrouve sa vieille garde. Ces vieux soldats qui avaient parcouru l'Europe les armes à la
main, tristes, silencieux, cherchent à dérober les
larmes qui roulent dans leurs yeux ; Napoléon s'approche d'eux et leur dit :

« Soldats de ma vieille garde, je vous fais mes
adieux ! Depuis vingt ans je vous ai constamment
trouvés au chemin de l'honneur et de la gloire.
Dans ces derniers temps, comme dans ceux de nos
prospérités, vous n'avez cessé d'être des modèles
de bravoure et de fidélité. Avec des hommes tels
que vous, notre cause n'était pas perdue ; mais la
guerre eût été interminable ; c'eût été la guerre civile, et la France n'en serait devenue que plus
malheureuse. J'ai donc sacrifié tous mes intérêts à
ceux de la patrie. Je pars ; vous, mes amis, conti-
nuez de servir la France. Son bonheur était mon
unique pensée ; il sera toujours l'objet de mes
vœux. Ne plaignez pas mon sort ; si j'ai consenti à
me survivre, c'est pour servir encore à votre gloire.
Je veux écrire les grandes choses que nous avons
faites ensemble.... Adieu, mes enfants ; je voudrais
vous presser tous sur mon cœur ; que j'embrasse
au moins votre général. »

Venez, général Petit, que je vous presse sur mon
cœur ; que l'on m'apporte mon aigle, que je l'embrasse aussi. Chère aigle, dit-il, puisque je te quitte,
que le baiser que je te donne retentisse dans la
postérité.

Après cette scène pathétique, la garde entière
voulait suivre l'empereur dans sa retraite ; mais il
ne lui fut permis d'emmener que quatre cents

hommes : le comte Bertrand, grand maréchal du palais, le comte Drouot (1), le général Cambronne, le payeur des voyages, Peyrusse ; les fourriers Deschamps et Baillon, et quelques autres officiers.

Paroles remarquables de Napoléon

Le 4 juin 1805, l'empereur fit à Milan, l'ouverture solennelle du corps législatif, du royaume d'Italie, et y reçut le serment du vice-roi (Eugène Beauharnais). Il termina son discours par ces mots qui devaient faire trembler la maison d'Autriche : « J'espère qu'à leur tour, mes peuples d'Italie, voudront « occuper la place que je leur destine dans ma « pensée. Ils n'y parviendront qu'en se persuadant « bien, que la force des armes est le principal sou- « tien des états. Il est temps enfin, que cette jeu- « nesse, qui vit dans l'oisivité des grandes villes, « cesse de craindre les fatigues et les dangers de la « guerre. »

L'Album.

Deux jours avant la bataille d'Eylau, Napoléon se logea chez un ministre protestant, à deux lieues du champ de la rencontre. Il couchait dans la bibliothèque ; un *album* était sur la table, et le len-

(1) Napoléon avait une grande estime pour ce général. « C'est le meilleur général d'artillerie du monde, a-t-il dit : « il est capable de commander cent mille hommes, et peut « être ne s'en doute-t-il pas..... C'est un des caractères les « plus modestes et les plus vertueux qu'il soit possible de « rencontrer..... Plein de charité, de religion, sa morale, sa « probité, sa simplicité, lui eussent fait honneur dans les « plus beaux jours de la république romaine. »

demain, quand l'empereur fut parti, on y trouva
ces mots écrits de sa main :

« Asile heureux de la tranquillité, pourquoi es-tu
si voisin du théâtre des horreurs de la guerre !

Ainsi, dans les profondeurs de cette âme ardente
et mystérieuse, les inspirations de la sagesse s'unis-
saient aux vastes projets de l'ambition.

Réponse comique de Napoléon.

Lorsque *Joseph Bonaparte* monta sur le trône de
de Naples, sa sœur *Caroline*, alors grande-duchesse
de Berg, d'un caractère très ambitieux, évitait, autant que possible, de se rencontrer avec sa modeste
belle-sœur, se voyant obligée de lui donner le titre,
pénible pour son orgueil, de *majesté*. Elle osa se
plaindre à l'empereur de ce qu'il n'avait pas encore
songé à lui donner une couronne. « Vos plaintes
m'étonnent, Madame, lui répondit-il avec le plus
grand sang-froid ; on dirait, à vous entendre, *que
je vous ai privée de la succession de feu votre
père.* »

Popularité à bon marché.

Un jour, au camp de Boulogne, Napoléon, accompagné de quelques ingénieurs, se promenait sur le
rivage. Un vieux marin s'y promenait aussi. On
s'aborde, et, sans que le vieux loup de mer paraisse
embarrassé, on entre en conversation. Tout en cau-
sant, l'empereur tire une tabatière d'or et l'ouvre
machinalement ; le marin fait un petit salut fami-
lier et plonge ses deux doigts dans la tabatière.

« Diable, dit Napoléon étonné, il paraît que le camarade en use? » et le camarade déconcerté, laisse tomber sa prise et se confond en excuses. L'empereur ferme la boîte. « Tiens, mon brave, lui dit-il, puisque tu l'aimes, prends la tabatière aussi. »

Le vieux marin n'eut rien de plus pressé que d'aller conter ce qui venait de lui arriver. Il n'y eut pas un mousse qui ne voulût voir la tabatière ; et cette petite aventure rendit Napoléon plus populaire parmi tous les équipages de la flotte, que ne l'eussent pu faire six mois de la paie.

Acte de clémence.

Un grand acte de clémence signala les premiers jours de l'empire. Parmi les quarante sept complices de Georges Cadoudal, dix-neuf avaient été condamnés à mort. De ce nombre était Armand de Polignac, le marquis de Rivière, Bouvet de l'Hozier, La Jollais, Rochelle, Gaillard, Roussillon et Charles d'Hozier. L'impératrice Joséphine joignit ses larmes à celles de madame de Polignac pour obtenir la grâce de M. de Polignac. « *Je puis pardonner à votre mari*, dit Napoléon, *car c'est à ma vie qu'on en voulait*, » et la grâce d'Armand de Polignac fut prononcée ainsi que celle des sept autres conjurés.

Prélude de Malheurs.

Un après-midi que Napoléon revenait à cheval de Saint-Cloud, et que l'archiduchesse le précédait en voiture, son cachemire, couleur de feu, vint à flotter hors de la portière, le coursier de l'empereur s'en effraie et renverse son cavalier. On s'arrête; Napoléon se relève promptement, ne s'étant fait aucun mal. Aussitôt l'impératrice lui témoigna le plus vif intérêt; mais il lui fit cette réponse bien pénible : « *Je ne sais, Madame, mais depuis que vous êtes avec moi, il ne m'arrive que des malheurs.* » L'impératrice fondit en larmes.

Cinq millions découverts.

Après les désastres de la campagne de Russie, Napoléon fut instruit que sa mère avait caché derrière un tableau une somme de cinq millions. Un jour qu'elle s'était rendue aux Tuileries, son fils lui dit :

« Je sais, ma mère, que vous avez de l'argent; j'en ai besoin, et vous m'obligeriez infiniment si vous me le prêtiez.

— Ah! Sire, comme on a trompé votre majesté! je n'ai absolument que la somme nécessaire à mes dépenses.

— C'est, je vous le répète, un service que j'attendais de vous.

— Je vous réitère, Sire, que je n'ai plus d'argent; ce que j'en avais, je l'ai fait passer à quelqu'un de notre connaissance (Lucien).

— Je veux bien le croire, ma mère. »

Puis la conversation reprit sur un autre sujet.

Napoléon savait à quoi s'en tenir; et, deux jours après son entrevue avec madame Lætitia, il vint lui demander à dîner. Après être sorti de table, il examine les tableaux, s'arrête devant celui qui masquait la cachette, et dit : « Je vous serais obligé si vous vouliez me donner ce tableau. — Volontiers, mon fils, je le ferai porter aux Tuileries.» Aussitôt il sonne, fait venir les domestiques, leur ordonne de descendre le tableau; madame Lætitia voulait s'y opposer, mais Napoléon voulait être obéi sur le champ. Sitôt que le tableau fut déposé, il aperçut la cachette, voulut voir lui-même ce qu'elle contenait, et ordonna de tout porter dans sa voiture. Il partit aussitôt sans rien dire à sa mère, que le chagrin et le dépit empêchaient de parler.

La duchesse de Weimar.

Après la bataille d'Iéna, l'armée française, commandée par Napoléon, était attendue à Weimar. Les membres de la famille régnante s'enfuient à Brunswick, parce que le duc, servant dans l'armée prussienne avec ses troupes, craignait la vengeance du vainqueur. La duchesse seule résolut de ne pas abandonner la capitale. Elle se retira dans une aile de son palais, et fit préparer les grands appartements pour l'empereur. Dès qu'il arriva, la duchesse, quittant le petit logement qu'elle s'était réservé, se plaça au haut du grand escalier, pour le recevoir avec le cérémonial convenable.

« Qui êtes-vous? lui dit Napoléon en la voyant.

— Je suis la duchesse de Weimar.

— En ce cas je vous plains, car j'écraserai votre mari. »

Il ne lui accorda pas plus d'attention, et se retira dans l'appartement qui lui était destiné

Le lendemain matin, la duchesse apprit que le pillage commençait déjà dans la ville; elle envoya l'empereur un de ses chambellans pour s'informer

de sa santé, et lui demander une audience. Cette
démarche plut à Napoléon, et il fit dire à la duchesse qu'il irait lui demander à déjeûner. A peine
était-il arrivé qu'il commença, suivant son habitude, à la questionner :

« Comment votre mari, Madame, a-t-il pu être
assez fou pour me faire la guerre?

— Votre Majesté l'aurait méprisé s'il eût agi
autrement.

« Pour quoi cela?

« Mon époux a passé trente ans au service de la
Prusse. Ce n'est pas au moment où le roi avait à
lutter contre un ennemi aussi puissant que Votre
Majesté, que le duc pouvait l'abandonner avec
honneur. »

Cette réponse, aussi adroite que convenable, parut adoucir l'empereur.

— Mais comment se fait-il que le duc se soit attaché à la Prusse?

— Votre Majesté ne peut ignorer que les bran-
ches cadettes de la maison de Saxe, ont toujours
suivi l'exemple de l'électeur. Or, la politique de ce
prince l'ayant engagé à s'allier avec la Prusse,
plutôt qu'avec l'Autriche, le duc n'a pu se dispenser
d'imiter le chef de sa maison. »

La conversation roula encore quelque temps sur
le même objet. La duchesse continua à montrer autant de ressources dans l'esprit que l'élévation dans
l'âme. Enfin. Napoléon s'écria en se levant : « Madame, vous êtes la femme la plus respectable que
j'aie jamais connue; vous avez sauvé votre mari.
Je lui pardonne ; mais c'est à vous seule qu'il le
doit. »

En même temps, il ordonna de faire cesser le

pillage de la ville, et l'ordre y fut rétabli en un instant. Quelque temps après il signa un traité qui assurait l'existence du duché de Weimar, et il donna ordre au courrier, qui en était porteur, de le présenter à la duchesse.

Le mot heureux.

Lorsqu'après la campagne d'hiver, signalée par la bataille d'Hohenlinden, Bonaparte, consul, reprenant des mains du général Moreau une paire de pistolets enrichis de brillants, qu'il venait de lui donner, il les remit au ministre de l'intérieur, en le chargeant de faire graver sur ces armes les noms des victoires du général : « *Non pas toutes, car il n'y aurait pas de place pour les diamants.* » !

Distribution des aigles.

Une belle cérémonie militaire rassembla les troupes au Champ-de-Mars, le 5 décembre 1804 ; ce fut celle de la distribution des aigles : « Soldats, « dit Napoléon, voici vos drapeaux. Ces aigles vous « serviront toujours de point de ralliement : elles « seront partout où votre empereur les jugera né- « cessaires pour la défense de son trône et de son « peuple. »

Madame de Staël.

Madame de Staël étant un jour aux Tuileries demanda à Napoléon quelle était la première femme de France. Napoléon lui répondit immédiatement : « Celle qui a le plus d'enfants. »

Napoléon et Cromwell.

Un matin que j'entrais dans le cabinet de Napoléon, dit un de ses confidents, je le trouvai le coude

appuyé sur son bureau et dans l'attitude d'un
homme qui médite. Devant lui était une brochure
intitulée : Abrégé de la Vie de Cromwell. « Il pa-
« raît, dit-il, en se levant, et en faisant deux pas,
« que l'on me compare à cet Anglais. Le parallèle
« qu'on prétend établir entre lui et moi, est, ce
« me semble, fort inexact. S'il monta sur le trône
« des rois d'Angleterre, sous le titre de protecteur,
« par la mort de Charles Ier, dont il avait dicté la
« sentence, on ne dira pas, du moins, que j'ai par-
« ticipé à la condamnation de Louis XVI, puisqu'à
« cette époque j'étais loin de Paris; on ne dira pas.
« non plus, que j'y ai donné verbalement ou par
« écrit, mon approbation. »

Il s'arrête après ces paroles, avance encore quelques pas, les mains derrière le dos, et reprend
ainsi : « L'état de la Grande-Bretagne, lorsque
« Cromwell chassa le parlement, était bien diffé-
« rent de celui où j'ai trouvé la France, à mon
« retour d'Égypte. Cette île n'avait rien à craindre
« des étrangers; elle ne sortait point d'un régime
« de sang et d'anarchie comme le nôtre; les plus
« nobles de ses enfants ne l'avaient point quittée
« pour conspirer contre elle au-dehors; et il est
« presque certain que sans Cromwell, tout s'y serait
« arrangé au gré des partis. »

Après quelques instants de silence, pendant
lesquels il se promenait à grands pas : « Personne
« n'ignore à quelle extrémité notre patrie était
« réduite sous le gouvernement prétendu repré-
« sentatif du Directoire et des deux Conseils. Ce
« que j'en dirais, n'ajouterait rien à la réalité. Il
« fallait une grande renommée, un bras fort, et
« quelques amis chauds pour la retirer de cet

« abîme. Nous nous sommes présentés à la patrie
« expirante; elle a applaudi à nos efforts, et la
« Povidence les a couronnés du succès (ici nouvelle
« pose). Cromwell! Cromwell! reprend-il avec
« vivacité. Puissé-je lui ressembler pour ce qu'il a
« fait pendant les treize années de son protectorat!
« Jamais l'Angleterre n'avait été ni mieux gou-
« vernée, ni si puissante. Cet usurpateur força,
« pour ainsi dire, Louis XIV et les autres potentats
« à recevoir ses ambassadeurs et à traiter avec lui.
« Il donna au commerce et à l'industrie de son pays
« la plus grande activité; sur toutes les mers son
« pavillon était respecté. Que m'importe donc si,
« sous ces rapports on veut me comparer à ce
« grand homme! Mais je ne souffrirai pas que les
« jacobins que j'ai muselés, recommencent leurs
« orgies.

« Je n'ignore pas non plus, continua-t-il, que
« les royalistes espèrent que je répéterai le rôle du
« général Monck. Je ne sais sur quoi ils se fondent.
« Les temps, les hommes et les choses, tout cela
« est bien différent. Lors même que je voudrais
« rétablir les Bourbons sur le trône, et que je par-
« viendrais à y réussir, il leur serait impossible
« dans la situation actuelle de la France, de s'y
« maintenir vingt-quatre heures.

« Asseyez-vous, me dit-il. »

Il s'assit aussi; mais se levant de son siège deux
minutes après:

« J'y ai pensé, me dit-il, mais cette pensée n'a
« été qu'un éclair: j'aurais alors pour ennemis la
« nation, l'armée et même l'Angleterre. »

Passant aux jacobins:

« J'ai donné l'ordre à Fouché, de concert avec

7

« mes collègues de me présenter un rapport sur le
« caractère et les menées de leurs chefs. »

Revenant ensuite sur Cromwell :

« Je veux, dit-il, faire beaucoup plus pour la
« France qu'il n'a fait pour l'Angleterre. Les
« étrangers seront battus, les jacobins et les roya-
« listes seront soumis ; notre pays deviendra plus
« riche, plus fort et plus florissant qu'il ait ja-
« mais été. »

Réponse adroite.

Napoléon visitant les nouveaux travaux de l'église
de Saint Denis, confiés à M. Célérier, celui-ci lui
fit voir l'église dans ses plus petits détails. Arrivés
aux caveaux des sépultures, il lui indiqua la place
que chaque dynastie des rois de France avait occupée. — Quand je serai mort, lui dit Bonaparte, où
me placerez-vous ? *Sire*, répondit l'architecte, *on
m'a toujours tenu trop éloigné de votre personne
pour que je connusse l'étiquette de la cour.*

Tout à la fin se découvre.

Lors de son premier séjour à Berlin, Napoléon
parut désirer vivement qu'une jeune fille qu'il avait
remarquée lui fût présentée. Elle fit bientôt la conquête du vainqueur, et sut suspendre un instant les
ennuis qui assiégent le pouvoir.

Après six semaines environ, l'empereur quitta la
capitale de la Prusse. Le secret observé sur sa vie
intérieure n'aurait point laissé connaître cette particularité, si le payeur du premier corps de l'armée

n'eût rencontré quelque temps après la jolie Prussienne et ne fût entré dans ses bonnes grâces aussi avant que Napoléon.

Dans son ingénuité, elle lui raconta les douces relations qui avaient existé entre elle et l'empereur. La première idée d'un payeur est ordinairement un calcul :

« — Vous devez avoir été contente des procédés de l'empereur, dit-il à l'aimable enfant; son cœur est si grand, si généreux!....

« — Oh ! enchantée; il était si bon, si empressé, si complaisant! il était aux petits soins pour moi.

« — Je le crois; mais encore, il doit vous avoir laissé des gages de son amitié, quelques preuves de souvenir !

« — Oui, sans doute, il m'a promis dix fois que je le reverrais, qu'il ne m'oublierait point à son retour; Dieu conserve ce héros!

« — C'est fort bien; mais voyons, pendant son séjour ou à son départ, que vous a-t-il donné

« — Rien; mais je ne me rappelle pas moins son cher souvenir; et l'avoir connu fera toujours mon bonheur ! »

Tout cela parut fort touchant et sentimental sans doute au payeur; mais il lui sembla qu'on pouvait s'attendre à quelque chose de mieux. En quittant la jeune fille, il rencontra le comte Estève, trésorier général de la couronne, auquel il raconta l'aventure et les soupçons qu'il avait conçus. Celui-ci en entretient le duc de Feltre, gouverneur général de la Prusse, et ils convinrent de questionner à ce sujet le grand-maréchal du palais.

Duroc, auquel ils avaient écrit, en parla à Napoléon lui-même, qui fit aussitôt appeler un de ses

valets de chambre et lui dit en le regardant d'un
œil sévère : « Qu'avez-vous fait des diamants que
que je vous ai chargé de porter à une jeune dame
de Berlin ? » Cet homme ne répondit qu'en tom-
bant aux pieds de son maître, et il avoua son crime.
M. Estève eut ordre d'envoyer soixante mille francs
à la jolie Prussienne.

Quant au valet infidèle, il avait été à l'instant
chassé.

Aurea mediocritas.

Madame Helvétius, femme du fermier général de
ce nom, auteur du livre de l'*Esprit*, perdit à la révolution l'immense fortune dont elle jouissait avant
cette époque ; mais, véritable philosophe, elle ne
perdit rien de sa gaîté naturelle, et parut sentir
tous les avantages de cette médiocrité d'or dont
parle Horace.

Bonaparte vint un jour la visiter à Auteuil où elle
s'était retirée. Comme il lui témoignait son étonnement de la voir aussi résignée après avoir perdu
tant de richesses. « *Vous ne savez pas*, lui dit-elle,
*combien il reste de bonheur dans trois arpents de
terre.* »

L'abbé Sieyès.

Les consuls qui succédèrent aux directeurs, occu-
pèrent le Luxembourg. Quelque temps après, Bonaparte proposa à ses collègues de quitter ce palais
pour aller habiter celui des Tuileries. L'abbé Sieyès
s'écria : « Quoi ! des consuls iraient habiter le
palais d'un tyran ! — Monsieur, répondit sèchement

Bonaparte, et d'un ton qui exprimait les sentiments qui commençaient déjà à germer dans son âme, si j'eusse été Louis XVI, je serais encore roi ; et si mon métier eût été de dire la messe, je la dirais encore. »

La promesse du vieux grenadier accomplie.

Napoléon, dans la soirée qui précéda la mémorable bataille d'Austerlitz, parcourut les bivouacs de son armée. Il voulait garder le plus strict incognito, mais il fut bientôt reconnu ; et comme c'était la veille de l'anniversaire de son couronnement, on le fêta. Une partie des soldats vint à lui en le saluant des plus flatteuses acclamations. Il traversait le front de bandière du 57e, en disant: « Souvenez-vous qu'il y a bien longtemps que je vous ai nommé *le Terrible,* » lorsqu'une illumination subite vint éclairer tout le front du camp ; chaque soldat avait ramassé la paille sur laquelle il devait reposer, l'avait placée sur la ligne des faisceaux et en avait fait des feux de joie. Un vieux grenadier s'approcha de l'empereur et lui dit : « *Tu n'auras pas besoin de l'exposer ; je te promets, au nom de tous les grenadiers de l'armée, que tu n'auras à combattre que des yeux ; demain nous t'amènerons les canons et les drapeaux de l'armée russe pour célébrer l'anniversaire de ton couronnement.* » Napoléon, ému jusqu'aux larmes, dit en se retirant : « *Cette soirée serait la plus belle de ma vie, si elle n'était empoisonnée par l'idée que demain je perdrai beaucoup de ces braves...* »

La Sentinelle inflexible.

A l'armée, Napoléon avait l'habitude de parcourir le camp, seul, pendant la nuit, pour s'assurer si les sentinelles ne dormaient pas à leur poste. Dans une de ses rondes, il arriva près d'un soldat placé en sentinelle à la jonction de deux routes, et qui avait la consigne de ne laisser passer outre qui que ce fût. Ignorant l'importance du personnage qui se présentait, le soldat croise la baïonnette et ne veut pas permettre à Napoléon de passer. Celui-ci dit au soldat qu'il faisait une ronde d'officier-général. « Morbleu ! répond la sentinelle, quand vous seriez le *petit caporal* lui-même, vous ne passeriez pas. » Et l'empereur fut obligé de retourner sur ses pas. Le lendemain, après avoir pris des informations sur la conduite et les services de ce soldat, dont on lui rendit un compte favorable, il le fit venir en sa présence, loua sa conduite de la veille, et l'éleva aussitôt au grade d'officier.

Le génie n'a pas de sexe.

Madame de Staël avait rendu hommage à la fortune de Napoléon : elle allait très souvent aux Tuileries, et elle voulait, en ce temps-là, se faire nommer dame du palais, et passer du salon de compagnie dans le cabinet de la diplomatie. L'empereur la tenait donc à distance, il résistait aux flatteries de cette Corinne brillante qui recélait dans son sein les systèmes et l'ambition de Catherine et des Élisabeth.

Cependant, madame de Staël se piquait au jeu ;
et un jour, un matin, après une nuit de projets et
d'espérances, elle apparut de bonne heure aux Tuileries. Elle entre, on veut la retenir ; mais elle
force la consigne, et traversant les salles et les ga-
leries, elle marche et s'avance malgré les chambel-
lants et les valets. A la fin on lui crie : « L'empereur est au bain ! Cela ne peut l'arrêter et la dis-
traire ; elle continue du même pas, et, ouvrant elle-
même la dernière porte, elle trouve le héros dans
le plus grand désordre de toilette. Il s'excuse, et
un peu confus, il fait observer que dans ce moment
il ne peut guère donner audience : « Eh ! qu'importe, Sire ? le génie n'a point de sexe...... »

La Franchise germanique.

Un soir, après la bataille de Wagram, l'empereur
était à jouer, avec son état-major, au vingt-et-un.
Napoléon aimait beaucoup ce jeu ; il s'amusait à y
tromper et riait de ses supercheries. Il avait devant
lui une grande quantité d'or qu'il étalait sur la
table ; n'est-ce pas dit-il à Rapp, que les Allemands
aiment bien ces petits napoléons ? — Oui, Sire plus
que le grand. — Voilà, répliqua-t-il ce que l'on peut
appeler de la franchise germanique.

La Main d'or.

Dans la nuit qui précéda la bataille de Bautzen,
Napoléon, accompagné des maréchaux Berthier et
Ney, et du général Labruyère, s'avança jusqu'aux
avant-postes à une portée de pistolet des cosaques.
Ils s'assirent tous les quatre par terre derrière un

bloc de rochers. Berthier déroula une carte, et Napoléon prit de ses mains la lunette d'approche, regardant la position de l'ennemi, tantôt la ville de
Bautzen, tantôt les hauteurs qui se trouvaient cou-
vertes de canons et d'infanterie russe.

Après cela, Napoléon s'étant fait amener un paysan,
se mit à lui faire, par l'entremise de Ney, les questions suivantes : — Est-il profond, l'ami, ce ruis-
seau qui va se jeter dans le ravin là-bas à main
droite ? (C'était le flanc gauche des Russes). — On
en a jusqu'au genou, répondit l'Allemand. — Le
traversez-vous quelquefois en charrette ? —Toujours,
hors dans le printemps et l'automne, quand les
eaux sont hautes. — Est-il guéable partout ? —
Non pas, en certains endroits le fond est rocailleux;
mais depuis le petit pont que vous voyez à droite
jusqu'à un quart de mille, il n'y a qu'un lit de sable
uni et commode. »

L'empereur fut extrêmement satisfait des réponses
du paysan allemand, et il parut se trouver en très-
bonne humeur. Il demanda de l'argent à Berthier,
prit une pleine poignée de pièces d'or et la donna
au paysan, en lui disant : « Tiens, voilà pour boire
à la santé de l'empereur des Français ! » Le manant
voulut alors se jeter à ses pieds. — « Un moment,
dit Napoléon, connais tu l'empereur ? — Mon Dieu !
non, et je meurs d'envie de le voir. — Eh bien re-
garde-le donc, ajouta t-il, en lui montrant le maréchal Ney, qui ouvrant alors son surtout, décou-
vrit son uniforme brodé en or. Le paysan vint aussitôt pour lui baiser les pieds, Ney l'arrêta, et lui
dit en riant : « Ce monsieur se moque de toi.....
Voilà l'empereur ! » et il désignait Berthier. Voilà
le paysan qui se prosterne devant Berthier; celui-ci,

8

qui s'exprimait très-mal en la langue allemande, ne peut que montrer du doigt Labruyère, en disant : Voici l'empereur. » Le rustre allait encore se jeter tout bonnement aux pieds de Labruyère, qui lui dit : « Je suis trop jeune, mon ami, pour être empereur ; mais que ne fais-tu plutôt ta révérence à celui qui t'a donné de l'argent. — C'est juste, répliqua l'Allemand, « Lorsqu'il eut saisi et baisé la main de Napoléon, il ajouta : « *Voilà la main d'or.* »

Le Barron Larrey.

Napoléon disait de ce chirurgien en chef de l'armée : *C'est l'homme le plus vertueux que j'aie rencontré.* A la science il joignait au dernier degré la vertu d'une philanthropie effective.

Après les batailles de Lutzen, Wurchen et Bautzen, l'empereur, victorieux, fit appeler le chirurgien Larrey pour connaître, suivant sa coutume, l'état et le nombre des blessés : or, ils se trouvaient, dans cet instant, en proportion extraordinairement supérieure à d'autres temps et à d'autres actions : l'empereur en fut surpris et cherchait à en expliquer la cause. M. Larrey la trouvait, indépendamment des circonstances locales, dans la masse des soldats qui, en voyant le feu pour la première fois, se trouvaient plus gauches dans leurs mouvements, et moins adroits contre le péril. L'empereur, peu satisfait et fort préoccupé de cette circonstance, questionna ailleurs ; et, comme il se trouvait en ce moment bien des personnes fort lasses de la guerre, qui eussent désiré la paix à tout prix, et n'eussent été nullement fâchées d'y voir l'empereur amené par la force, soit calcul, soit conviction, il lui fut répondu que l'immensité des blessés ne devait point étonner ; que la plus grande partie l'étaient à la main, et que la blessure était de leur propre fait pour n'avoir plus à se battre. Ce fut un coup de foudre pour l'empereur, il répéta ses informations, et reçut le même résultat ; il en était au désespoir. « S'il en était ainsi, s'écriait-il, malgré nos succès, notre position serait sans remède, elle livrerait la France pieds et poings liés aux barbares. » et cherchant dans son esprit comment arrêter une telle contagion, il fit mettre à l'écart tous les blessés d'une certaine nature, nomma une commission de chirurgiens présidée par Larrey, pour constater leurs blessures, résolu de sévir d'une manière exemplaire contre ceux qui auraient eu la lâcheté de se mutiler eux-mêmes. M. Larrey, toujours opposé à l'idée de la mutilation volontaire qui, selon lui, compromettait l'honneur de l'armée et celui de la nation, se présenta devant l'empereur pour renouveler ses observations. Napoléon, irrité de son obstination qu'on avait eu soin de faire ressortir encore, lui dit d'un front sévère ; « Monsieur, vous me ferez vos observations officiellement, allez remplir votre devoir. »

Le baron Larrey se mit aussitôt au travail, mais avec solennité ; et, poursuivant les plus petits détails, il avançait lentement, tandis que divers motifs rendaient bien des gens impatients : on savait que l'empereur l'était beaucoup. On ne manqua pas de faire observer à M. Larrey que sa position était des plus délicates ; il demeura sourd et imperturbable. Enfin, au bout de quelques jours, il se rendit auprès de l'empereur, insistant pour remettre lui-même son travail en personne. « Eh bien ! monsieur, lui

dit l'empereur, persistez vous toujours dans votre
opinion ? — Je fais plus, Sire, je viens la prouver à
Votre Majesté : cette brave jeunesse était indigne-
ment calomniée ; je viens de passer beaucoup de
temps à l'examen le plus rigoureux, et je n'ai pas
trouvé un coupable. Il n'y a pas un de ces blessés
qui n'ait son procès-verbal individuel ; des ballots
me suivent ; votre majesté peut en ordonner l'examen. » Cependant l'empereur le considérait avec
des regards sombres. « C'est bien, Monsieur, lui
dit-il, en saisissant son rapport avec une espèce de
contraction ; je vais m'en occuper, et il se mit à
marcher à grands pas dans son appartement, d'un
air agité et combattu ; puis, revenant bientôt à
M. Larrey, avec un visage tout-à-fait dégagé, il lui
prend affectueusement la main, et lui dit d'une voix
émue : — « Adieu, Monsieur Larrey, un souverain est
bien heureux d'avoir affaire à un homme tel que
vous ! On vous portera mes ordres. » Et M. Larrey
reçut le soir même de la part de Napoléon, son
portrait enrichi de diamants, 6,000 fr. en or, et une
pension de 3,000 fr. sur l'État exclusive, est-il dit
au décret, de toute autre récompense méritée par
ses grades, son ancienneté et ses services futurs.

Un pareil trait est précieux pour l'histoire, en ce
qu'il fait connaître un homme de bien qui n'hésite
pas à défendre la vérité contre un monarque prévenu, irrité, en ce qu'il fait ressortir toute la grande
âme de celui-ci dans le bonheur, la reconnaissance
qu'il témoigne de se voir détrompé.

Effets du Fatalisme.

En Egypte, Napoléon courut le danger d'être

pris ou massacré par un parti de mameloucks. Il
marchait à une assez grande distance des corps
d'armée, accompagné seulement de quelques gardes
et de plusieurs officiers de son état-major. Le hasard
voulut qu'il ne fut point aperçu des mameloucks,
dont il n'était cependant séparé que par une légère
élévation du terrain. Napoléon, qui toute sa vie
crut, dit-on, au fatalisme, plaisanta de ce péril en
disant : *Il n'est point écrit là haut que je doive
être pris par les Arabes.*

Saardam.

On sait que Napoléon, accompagné de Marie-
Louise, son épouse, visita la Hollande. Dans une de
ses excursions, se trouvant dans le voisinage de
Saardam, l'empereur voulut aller voir la modeste
chaumière qui abrita quelque temps *Pierre-le-
Grand*, lorsqu'il vint en Hollande, sous le nom de
Pierre Michaëloff, étudier la construction des vaisseaux. Napoléon s'y arrêta un quart-d'heure, examina avec beaucoup de sang froid cette habitation
grossière; et, en s'en allant, il dit à son grand-
maréchal du palais : « *Voici, général, à mon
avis, le plus beau monument qu'il y ait en Hollande.* »

Le duc d'Otrante bien jugé par Napoléon

Le duc d'Otrante (Fouché) fut nommé président
de la commission provisoire du Gouvernement après
la seconde abdication de Napoléon, en faveur de
son fils Cet ancien chef de la police paraissait ap-
prouver, en conseil et en public, les principes et les

résolutions de ses collègues. En particulier, c'était autre chose ; dévoué en apparence à tous les partis, il les flattait et les abusait tour-à-tour par de faux épanchements, de chimériques espérances. Il parlait de liberté aux républicains, de gloire et de Napoléon II aux bonapartistes, de légitimité aux amis du roi, de garanties et de paix générale aux partisans du duc d'Orléans, et parvenait ainsi à se ménager, en cas de besoin, des appuis et des chances favorables. L'empereur, instruit des manœuvres de Fouché, dit : *Il est toujours le même, toujours prêt à mettre son pied dans le soulier de tout le monde.*

La Bonne Aubaine.

Madame de ***, dame du palais de l'impératrice Joséphine, demande une audience à Napoléon. Elle l'obtient sans délai, et lui expose que son mari est embarrassé ; qu'il a des procès ruineux qui nécessitent des avances énormes ; que, dans cette position, elle avait compté sur ses bontés ; que ce n'était point au souverain, mais à l'homme qu'elle s'adressait ; et elle lui dit enfin toutes sortes de choses touchantes et tendres, sans sortir des bornes de cette réserve, de cette pudeur qui sied si bien aux femmes, et dont celle-ci était connue pour faire profession. Napoléon la remercie d'avoir mis en lui sa confiance, l'assure qu'il lui est tout dévoué, et à l'instant même il lui signe un bon à vue de cent mille francs sur la caisse de sa liste civile.

Madame de***, autorisée par son mari, fournit une obligation en bonne forme de cette somme, et deux années de la sorte s'écoulent sans qu'il ait été possible de penser au remboursement. Au bout de

ce temps, la dame accouche d'une fille. Joséphine
est marraine, et elle choisit pour compère le prince
Eugène, son fils. On a déjà deviné quel fut le ca-
deau du baptême : au fond d'une corbeille magnifique, le billet de cent mille francs fut mis acquitté.
Mais ce n'est pas tout : on y trouva encore des
diamants pour douze mille francs, un cachemire
superfin et des dentelles de la plus rare beauté.
C'était une véritable féerie.

La Malmaison.

Napoléon aimait beaucoup les sites romantiques
de la Malmaison, des bois du Cucufa qui y sont
adossés : un lac superbe, une laiterie suisse ajou-
taient à cette résidence royale tout le charme d'une
demeure champêtre. Joséphine, souvent obsédée du
faix des grandeurs et de l'ennui de la représentation, se plaisait à se dépouiller là de toutes les
vanités impériales. Un yacht élégant, resplendissant
de dorure, était à l'ancre sur la rive du lac, et des
mariniers, après avoir fait faire à l'impératrice une
riante navigation, la ramenaient avec ses femmes à
cette laiterie suisse, où elle aimait à prendre quelques rafraîchissemens. Quant à Napoléon, le genre
pastoral, le goût des bergeries n'avait jamais été le
sien : s'il recherchait de préférence la grande allée
silencieuse du bois de la Malmaison, c'est qu'il pouvait y rêver à son aise à ses profondes combinaisons.
Là, il organisait des armées, distribuait des cou-
ronnes, changeait de petits bourgeois en princes et
des princes en petits bourgeois, élevait tous ses
frères sur les trônes de l'Europe, faisait de ses
sœurs de puissantes reines..... Il est constant que

les allées silencieuses du bois de la Malmaison,
ont été le foyer de tous les bouleversements qui
ont eu lieu en Europe pendant un certain espace de
temps.

La petite guerre.

Le salon de madame de Staël était indistinctement
ouvert à tous les partis, et son éloquence les sub-
juguait : Jamais femme, depuis la Fronde, n'avait
excité une influence politique comparable à la
sienne, ni plus hostile quand le gouvernement lui
était antipathique.

« Sa demeure, dit Napoléon, était devenue un
véritable arsenal contre moi ; on venait s'y faire
armer chevalier… ; elle s'occupait à me susciter
des ennemis, et me combattait elle-même : c'était
tout à la fois Armide et Clorinde… ; tout bonnement, nous nous sommes fait la petite guerre ;
voilà tout. »

Napoléon et le général Koller.

Le général autrichien Koller fut un des quatre
commissaires nommés par les puissances alliées
pour conduire Napoléon à l'île d'Elbe. Ce général,
dans ses conversations avec l'empereur pendant la
route, lui répondait assez souvent qu'il *avait tort.*
Napoléon lui dit un jour : *Vous me dites toujours
que j'ai tort ; parlez-vous donc aussi comme cela
à votre empereur ?* Koller l'assura que son empereur serait très-fâché contre lui, s'il soupçonnait
qu'il ne lui dît pas toujours bien sa façon de penser.
En ce cas, reprit Napoléon, *votre maitre est bien
mieux servi que je ne l'ai jamais été.*

Les draps et les vases.

Dans un bal que la ville de Paris lui donnait, l'empereur s'adressa à une jeune dame de la classe marchande et lui fit diverses questions. La jeune dame répondit en employant une locution bizarre, quoique reçue, que son mari faisait dans les draps, pour dire qu'il était marchand de draps. L'empereur sourit légèrement et adressa la parole à une autre personne. Deux ans après, la même dame se trouvant à une fête à laquelle Napoléon assistait, celui-ci qui ne la reconnaissait pas, lui renouvela les mêmes questions. « Sire, lui répondit-elle, lorsque Votre Majesté me fit de semblables demandes, il y a deux ans, j'étais mariée à un homme qui faisait dans les draps. Il est mort peu de mois après. — Vous êtes donc veuve ! — Non, Sire, je me suis remariée. — Que fait votre mari ? — Sire, il fait dans les vases. — Celui-ci du moins est plus propre que l'autre, » dit l'empereur en s'éloignant.

Les talents appréciés.

A la suite d'une conversation que Napoléon eut à Sainte-Hélène avec le docteur O'Meara, il lui dit :

« Quand je me trouvai à Tilsitt avec l'empereur Alexandre et le roi de Prusse, j'étais le plus ignorant des trois en affaires militaires. Ces deux souverains, surtout le roi de Prusse, étaient parfaitement au fait du nombre de boutons que doit avoir un habit, combien devant et derrière, et comment on doit tailler les revers. Pas un tailleur de l'armée ne savait mieux que le roi de Prusse combien il faut de drap pour faire un gilet rond; enfin, continua-t-il en riant, je ne pouvais lutter avec eux.

« On me tourmentait continuellement de questions auxquelles je n'entendais pas un mot, quoique, pour ne pas offenser, je répondisse aussi gravement que si le sort d'une armée eût dépendu de la coupe d'une veste.

« Quand j'allai voir le roi de Prusse, je trouvai qu'au lieu de bibliothèque, il avait une chambre grande comme un arsenal, garnie de tablettes et de chevilles, auxquelles étaient pendus cinquante à soixante habits de diverses façons; chaque jour il mettait un habit différent de celui de la veille. C'est un grand homme sec, dont la tournure et la physionomie ont quelque chose d'étrange. Il paraissait attacher autant de prix à la coupe de l'uniforme d'un dragon et d'un hussard, qu'il en eût mis au salut de son royaume.

« A Iéna, l'armée prussienne exécuta les plus belles et les plus brillantes manœuvres; mais je mis bientôt fin à ces *coglioneries*, et fis connaître la différence qu'il y a entre exécuter de belles manœuvres, porter de riches uniformes, et savoir se battre; et comme les victoires dépendent plus de l'habileté du général qui commande les troupes que du talent du tailleur qui fait leurs habits, elle n'a pas pu réussir. »

Joséphine.

« Joséphine, disait Napoléon, était l'art et les grâces; c'était la plus aimable et la meilleure des femmes; elle avait à l'excès le goût du luxe, le désordre, l'abandon de la dépense, naturels aux créoles. Il était impossible de jamais fixer ses comptes, elle devait toujours : aussi c'étaient cons-tamment de grandes querelles quand le moment de payer ses dettes arrivait. On l'a vue souvent alors envoyer chez ses marchands leur dire de n'en dé-clarer que la moitié. Il n'est pas jusqu'à l'île d'Elbe où des mémoires de Joséphine ne soient venus fon-dre sur moi, de toutes les parties de l'Italie.

« Joséphine croyait aux pressentiments, aux sor-ciers : il est vrai qu'on lui avait prédit, dans son enfance, qu'elle ferait une grande fortune, qu'elle serait souveraine.

« Sa toilette était un arsenal complet, et elle se défendait avec beaucoup d'art contre les assauts du temps. »

Explosion de la rue Saint-Nicaise.

Le 24 décembre 1800, eut lieu l'explosion d'une machine infernale, près le palais des Tuileries, au moment où le premier consul Bonaparte passait pour se rendre a l'Opéra , entendre l'Oratorio d'Haydn ; plusieurs personnes périrent; deux mai-sons furent renversées, et le premier consul sans avoir l'air effrayé, continua de se rendre à l'Opéra.

Rentré aux Tuileries, où s'étaient rendus ses deux collègues, les ministres, des sénateurs, quel-ques tribuns, plusieurs généraux, à la première nouvelle de l'évènement, il leur dit du plus grand sang-froid : « En voilà encore une, Messieurs, sera-« t-elle la dernière? Tous ces conspirateurs se « trompent bien grossièrement, lorsqu'ils se per-« suadent que de mon existence dépend celle de la « République. Est-ce moi qui ai fait la Révolution

« de 1789? Est-ce moi qui ai fait le 10 août? Est-
« ce moi qui ai fondé la République? Mais comme
« je suis son premier magistrat, il importe à sa di-
« gnité comme à la mienne, que les coupables, quels
« qu'ils soient, reçoivent la punition qu'ils méri-
« tent. C'est l'affaire de la justice, la nôtre, c'est
« d'être plus vigilants, pour déconcerter les com-
« plots des méchants, avant qu'ils éclatent. »

Quoi qu'il en soit le premier consul tâchait en vain
de dissimuler ses terreurs. « Je suis placé sur une
« mine, dit-il à un de ses confidents, le lendemain
« de cet événement; oui, sur une mine qui, à
« chaque instant peut me faire sauter. Il me fau-
« drait une armée d'espions, et encore une autre
« armée de la même espèce pour la surveiller. Ce
« n'est pas assez de mes guides et de mes grena-
« diers pour éloigner de ma personne toutes sortes
« de dangers. J'ai été jusqu'à présent trop con-
« fiant. »

Excès de délicatesse.

Parmi un grand nombre de caprices galants, Napoléon n'avait pas laissé d'aimer assez longtemps
une fort jolie Polonaise, Madame R..., dont il eut
un très beau garçon; cette dame fit le trajet de
Varsovie à l'île d'Elbe; cette démarche toucha sen-
siblement le monarque détrôné; cependant par
égard pour Marie-Louise, il ne consentit pas à ce
qu'elle fît un long séjour dans l'île.

Les réductions.

Dans les premiers temps de sa puissance consulaire, Napoléon ordonna à M. Fontaine, l'architecte

de France le plus savant et le plus honnête, de lui présenter un devis relatif à des constructions importantes. Il trouva les prix trop élevés, et, dans la chaleur de la discussion, se servit de quelques expressions dont l'extrême délicatesse de M. Fontaine fut blessée au point qu'il crut devoir envoyer sa démission; le premier consul, assez embarrassé pour le remplacer, demanda au ministre de l'intérieur une liste de douze architectes en état de remplir ses vues. A la tête de cette liste figurait le nom de M. Fontaine. *Réduisez-moi votre liste à six personnes*, dit l'empereur au ministre. M. Fontaine..., etc. *Réduisez encore au nombre de trois.* M. Fontaine....., etc. *Bornez-vous à un seul nom.* M. Fontaine, toujours M. Fontaine. Napoléon le fit appeler, et lui dit en lui pinçant l'oreille : « *Allons, puisque vous êtes le plus habile et le plus... honnête..., j'en passerai par où vous voudrez.* »

L'interprétation bien fondée.

S'entretenant à Fontainebleau avec M. de Bausset, ancien préfet du palais impérial, Napoléon lui dit à la fin de la conversation : « Voyez ce que c'est que la destinée! Au combat d'Arcis-sur-Aube, j'ai fait tout ce que j'ai pu pour trouver une mort glorieuse, en disputant pied à pied le sol de la patrie. Je me suis exposé sans ménagement; les balles pleuvaient autour de moi; mes habits en ont été criblés, et aucune n'a pu m'atteindre. Une mort que je ne devrais qu'à un acte de mon désespoir, serait une lâcheté : le suicide ne convient ni à mes principes, ni au rang que j'ai occupé sur la scène du monde..... Je suis un homme condamné à vivre..... » dit-il en soupirant. Nous fîmes plusieurs tours dans un silence profond et triste. « *Entre nous*, dit l'empereur avec un sourire plein d'amertume, *on dit qu'un goujat vivant vaut mieux qu'un empereur mort.* » L'air dont il prononça ce peu de mots, ajoute M. de Bausset, me fit penser que l'équivalent de ce vieil adage pouvait bien être celui-ci : *Il n'y a que les morts qui ne reviennent pas.*

Madame de Bonchamps.

Napoléon accorda une audience particulière à madame de Bonchamps, veuve du général en chef de la première armée royale dans la Vendée. Il était certainement bien loin de sa pensée de tolérer la guerre civile ; mais il avait reconnu tant de noblesse dans la conduite et le caractère du comte de Bonchamps, que jamais il n'en parlait qu'avec les plus honorables expressions. Napoléon parla avec beaucoup d'intérêt à madame de Bonchamps, et lui fit toutes sortes de questions sur la guerre de la Vendée ; il se fit raconter par elle les dangers qu'elle avait courus en accompagnant son mari sur le champ de bataille, portant son enfant dans un panier placé sur le cheval qu'elle montait, et supportant avec courage et dignité toutes les fatigues et toutes les chances d'une situation aussi extraordinaire. Madame de Bonchamps est petite et délicate, mais elle a le cœur le plus noble et les sentiments les plus élevés. Napoléon ne se borna point à des paroles vagues et affectueuses ; il insista pour connaître sa fortune, et les moyens que les malheurs du temps avaient pu lui laisser ; et quand il apprit qu'il ne lui restait plus rien, il lui assigna sur-le-champ une pension de 6.000 fr. de rentes, lui en fit payer deux années d'arrérages, et lui promit de doter sa fille, lorsqu'elle serait en âge d'être mariée.

Encore un calembour.

A Saint-Hélène, Napoléon ne se refusait pas à faire un calembour, lorsque le sujet et l'occasion s'y prêtaient. Un maçon employé aux constructions de son habitation de Longwood, était tombé et s'était blessé. L'ex-empereur, cherchant à le rassurer, lui dit que cela ne serait rien : « *J'ai bien fait une autre chute que toi*, lui disait-il, *et pourtant, regarde-moi, je suis debout et je me porte bien.* »

Impossible!

C'était un mot que Napoléon ne voulut jamais admettre dans son langage, et surtout dans ses actions. Il répondit un jour à Fouché qui lui disait que telle chose était impossible.....—*Impossible!*... s'écria Napoléon : « Apprenez que quand on a vu Louis XVI périr sur l'échafaud, Marie-Antoinette, abreuvée d'outrages, raccommodant elle-même sa robe et ses souliers, puis livrant sa tête au bourreau après une longue agonie, rien n'est *impossible*, monsieur. »

Entrée triomphante de Napoléon dans Grenoble.

Le 1er mars 1815, Napoléon, après sa traversée

de l'île d'Elbe au golfe Juan, où il avait débarqué, s'avança sur les terres de France; il se rendit à Cannes, de là à Grasse, ensuite à Digne. Le bruit de son débarquement avec sa petite troupe, excita partout un sentiment mêlé de joie, de surprise et d'inquiétude, partout il fut accueilli avec enthousiasme. Il se dirigea bientôt sur Grenoble. Les troupes venues de cette ville pour s'opposer à sa marche avaient rétrogradé et pris position entre les lacs, et près d'un village. Il leur envoya le chef d'escadron Roul, elles refusèrent de l'entendre; Napoléon se tournant alors du côté du maréchal Bertrand, lui dit : « Z..... ma trompé; n'importe, en avant ! » Aussitôt mettant pied à terre, il marcha droit au détachement, suivi de sa garde, l'arme baissée : « Eh! quoi, mes amis, leur dit-il, vous ne me « reconnaissez-donc pas? Je suis votre empereur; « s'il est parmi vous un soldat qui veuille tuer son « général il le peut : me voilà ! » (en effaçant sa poitrine)..... Le cri unanime de *Vive l'Empereur!* fut leur réponse.

Le général Marchand avait fait rentrer les troupes dans Grenoble et fermer les portes. Bientôt les assiégeans et les assiégés, réunis par les mêmes pensées et les mêmes sentiments, firent éclater à la fois le cri de *Vive l'Empereur !* Le peuple et les soldats se présentèrent aux portes, en un instant elles furent enfoncées; et Napoléon, entouré, pressé par une foule idolâtre, fit son entrée triomphante à Grenoble. Quelques moments après, les habitants, au son des fanfares, vinrent lui apporter les débris des portes : *A défaut des clés de la bonne ville de Grenoble,* lui dirent-ils, *tiens, voilà les portes.*

Dugazon.

Napoléon conserva longtemps les liaisons d'amitié qu'il avait contractées autrefois, et, devenu premier consul, il continua à recevoir familièrement à Saint-Cloud les amis qu'il avait eus dans une plus humble fortune. Ce qui contribua à le faire changer de conduite à cet égard, c'est que plusieurs d'entre eux oublièrent ce qui était dû au chef du gouvernement de la France, et le forcèrent à s'en souvenir. Dugazon fut de ce nombre. Un jour qu'il était à Saint-Cloud, Napoléon crut remarquer que l'embonpoint de cet acteur augmentait considérablement : «Comme vous vous arrondissez, Dugazon ! » lui dit-il en lui frappant sur le ventre. « Pas autant que vous, petit papa, » répondit Dugazon, en se permettant le même geste. Le petit papa ne répondit rien ; mais Dugazon ne fut plus admis en sa présence.

Tout dépend du succès.

On faisait observer au prisonnier de Sainte-Hélène que beaucoup de personnes étaient étonnées qu'il conservât son titre d'empereur après son abdication. Il répondit : « J'ai abdiqué le trône de France, mais non le titre d'empereur. Je ne m'appelle pas Napoleon, empereur de France, mais l'empereur Napoléon. Les souverains conservent généralement leurs titres : c'est ainsi que Charles d'Espagne conserva le titre de roi et de sa majesté, après avoir abdiqué en faveur de son fils. Si j'étais en Angleterre, je ne m'appellerais pas empereur. Mais on veut faire croire que la nation français

n'avait pas le droit de faire de moi son souverain.
Si elle n'a pu me faire empereur, elle n'a pu également me faire général. Un homme, à la tête d'un
faible parti, pendant les troubles d'un pays, est
appelé chef de rebelles; mais lorsqu'il a réussi,
qu'il fait de grandes actions et élève son pays et
lui-même, on le nomme général, souverain, etc.;
c'est le succès seul qui lui donne ce titre. S'il eût
été malheureux, il eût continué d'être chef de rebelles, peut-être aurait-il péri sur l'échafaud. La
nation anglaise a longtemps appelé Washington un
chef de rebelles, et refusé de le connaître, lui et la
constitution de son pays; mais ses succès l'ont
obligée à changer d'avis et à reconnaître l'un et
l'autre. C'est le succès qui fait le grand homme...»

Bernadotte.

Bernadotte, en marchant contre sa patrie et son
bienfaiteur, à l'exemple de Moreau, a été assez heureux pour se maintenir sur le trône de Suède,
malgré les mille et une causes qui auraient pu l'en
précipiter. « Mais s'y croit-il assez affermi, disait Napoléon, pour n'avoir plus rien à redouter. C'est ce
que la suite des temps nous dévoilera. » Il ne le regardait pas comme la plupart de ses généraux, qui
lui étaient entièrement dévoués; aussi ne doit-on
pas être surpris du jugement qu'il en porte. Voici
comment il s'est exprimé à son sujet :

« A la Révolution, Bernadotte était un des membres les plus chauds de la société du Manége; ses
opinions politiques étaient fort exaltées et réprou-
vées par tous les gens de bien.

« S'il a été maréchal, prince de Ponte-Corvo, roi, c'est son mariage avec la sœur de Joseph qui en est cause. Bernadotte avait été ministre de la guerre pendant deux mois, il ne fit alors que des fautes, n'organisa rien, et le Directoire fut obligé de lui retirer le portefeuille.

« Bernadotte a été le serpent nourri dans notre sein : à peine nous avait-il quittés qu'il était dans le système de nos ennemis, et que nous avions à le surveiller et a le craindre. Plus tard, il a été une des causes actives de nos malheurs, c'est lui qui a donné à nos ennemis la clé de notre politique, la tactique de nos armées ; c'est lui qui leur a montré le chemin du sol sacré.

« Vainement dirait-il pour excuse qu'en acceptant le trône de Suède il n'a plus dû être que suédois ; excuse banale, bonne pour la multitude et le vulgaire des ambitieux. Pour prendre femme, on ne renonce pas à sa mère, encore moins est-on tenu à lui percer le sein, et à lui *déchirer* les entrailles. »

Lavater.

Napoléon disait : « Lavater, avec ses rapports du physique et du moral, n'est qu'un insigne charlatan. Notre crédulité est le vice de notre nature, il est en nous de vouloir aussitôt nous parer d'idées positives, lorsque nous devrions, au contraire, nous en garantir soigneusement. A peine voyons-nous les traits d'un homme, que nous voulons prétendre à la connaissance de son caractère. La sagesse serait d'en repousser l'idée, de neutraliser les circonstances mensongères. La raison, l'expérience (et j'ai été dans le cas d'en faire une grande pratique), montrent que tous ces signes extérieurs sont autant de mensonges, qu'on ne saurait trop s'en garantir, et qu'il n'est réellement d'autres moyens de juger et de connaître les hommes, que de les voir, de les essayer et de les pratiquer. »

Saint-Napoléon.

Dans les moments où le prisonnier de Sainte-Hélène était dispos, il aimait à s'égayer; il demanda un jour au docteur O'Méara quel saint était son patron, quel était son nom de baptême? Le docteur lui répondit que son premier nom était un nom de famille; qu'on l'avait nommé Barrey, du lord Avonmore, pair d'Irlande. Mais Napoléon lui dit en riant : « Il faut que vous ayez quelque patron pour plaider votre cause dans l'autre monde. » O'Méara lui cita son second nom de baptême. « Ah! répliqua le prisonnier de Sainte Hélène, dans ce cas il plaidera pour vous. — Saint Napoléon devrait bien avoir de la reconnaissance pour moi, et employer dans l'autre monde son pouvoir en ma faveur. Personne ne connaissait ce pauvre saint; il n'avait pas même dans le calendrier de jour désigné pour chômer sa fête; je le tirai de l'obscurité et j'engageai le pape à lui assigner le 15 du mois d'août, qui est l'anniversaire de ma naissance. »

Projets de Napoléon.

Si Napoléon avait à cœur de forcer à la paix les ennemis de l'Empire, il ne s'occupait pas avec une

moindre activité de tout ce qui pouvait rendre la
France belle, riche, heureuse dans son intérieur.
« Si Dieu me donne une vie longue et paisible, di-
« sait il souvent, je veux faire de la ville de Paris
« la capitale de l'Europe, et de la France l'empire
« le plus puissant de l'univers. J'ai déjà fait exécu-
« ter de beaux projets d'embellissement dans la ca-
« pitale et les départements. J'en médite un plus
« grand nombre encore, dont une partie pour la
« Belgique et l'Italie. Je veux que mon règne soit
« vraiment celui des sciences, des arts et du bon-
« heur pour les peuples, ainsi que l'époque la plus
« mémorable des temps modernes. »

Collin-d'Harleville.

Bonaparte, à son retour d'Italie, aimait à s'en-
vironner de toutes les illustrations contempo-
raines. Sa maison était le rendez-vous des savants et des artistes. Tout alors était modeste et
sans faste chez celui qui devait bientôt subjuguer
l'Europe et habiter le palais des rois. Sa table était
frugale, et une femme pleine de grâces en faisait les
honneurs; lui-même cherchait à plaire : il avait des
éloges pour tous les talents, et chaque trait de sa
louange renfermait une pensée.

Dans une de ces réunions, Ducis, Collin-d'Harleville, Bernardin de Saint-Pierre, recueillirent tour à
tour les plus flatteuses paroles. Bonaparte parla de
ses campagnes d'Italie. Il raconta ses actions les
plus glorieuses avec une énergique concision, mais
froidement, comme s'il eût entretenu ses auditeurs
des actions les plus communes : en prodiguant la
louange, il y paraissait insensible; cependant quel-

ques traits heureux épanouirent son visage. On avait pris le café ; Mme Bonaparte, s'approchant de son son mari, lui frappa doucement sur l'épaule, en le priant de conduire ses convives dans le salon. « Messieurs, dit Bonaparte, je vous prends à témoin, ma femme me bat. — Tout le monde sait reprit vivement Collin-d'Harleville, qu'elle seule a ce privilége. » Ce mot eut les honneurs de la soirée et fut fort applaudi.

Le Mardi gras à Vienne.

La veille de la bataille d'Austerlitz, Napoléon visitant la ligne d'attaque où les vivres manquaient depuis quarante-huit heures (car on n'avait distribué dans cette journée qu'un pain de munition pour huit hommes), vit, en passant de bivouac en bivouac, des soldats occupés à faire cuire des pommes de terre sous la cendre. Se trouvant devant le 4e régiment de ligne, l'empereur dit à un grenadier du 2e bataillon, en prenant et mangeant une des pommes de terre de l'escouade : « Es-tu content de ces pigeons-là ? — Hum ! ça vaut toujours mieux que rien ; mais ces pigeons-là, c'est bien de la viande de carême. — Eh bien ! mon vieux, reprit Sa Majesté, en montrant au soldat les feux de l'ennemi, aide-moi à débusquer ces gaillards-là, et nous ferons le mardi gras à Vienne. »

Napoléon et la pipe.

L'empereur n'eut qu'une seule fois la fantaisie d'essayer de la pipe ; voici à quelle occasion. Le prétendu ambassadeur persan qui vint à Paris sous le consulat lui avait fait présent d'une fort belle pipe à l'orientale. Il lui prit un jour envie d'en faire l'essai, et il fit préparer tout ce qu'il fallait pour cela. Le feu ayant été appliqué au récipient, il ne s'agissait plus que de le faire communiquer au tabac, mais de la manière dont Sa Majesté s'y prenait, elle n'en serait jamais venue à bout. Elle se contentait d'ouvrir et de fermer alternativement la bouche sans aspirer le moins du monde. « Comment, diable ! s'écria-t-elle enfin, cela n'en finit pas. » Son valet de chambre lui fit observer qu'elle s'y prenait mal, et lui montra comment il fallait faire. Mais l'empereur en revenait toujours à son espèce de bâillement. Ennuyé de vains efforts, il finit par dire à son valet de chambre d'allumer la pipe. Celui-ci obéit et la lui rendit en train. Mais à peine en eût-il aspiré une bouffée, que la fumée qu'il ne sut point chasser de sa bouche, tournoyant autour du palais, lui pénétra dans le gosier, et ressortit par les narines et par les yeux. Dès qu'il put reprendre haleine. « Otez-moi cela ! quelle infection ! oh ! les cochons ! le cœur me tourne. » Il se sentit en effet comme incommodé pendant au moins une heure, et renonça pour toujours à un *plaisir* dont l'habitude n'était bonne qu'à désennuyer les fainéans.

Entretien de Napoléon avec une pauvre femme.

L'empereur et l'impératrice Joséphine étant à Milan, allèrent un jour déjeûner aux environs de cette ville, dans une petite île de l'Olona; en s'y promenant, l'empereur rencontra une pauvre femme dont la chaumière était toute voisine du lieu où avait été dressée la table de Leurs Majestés, et il lui adressa nombre de questions.

« — Monsieur, lui répondit-elle (ne connaissant pas l'empereur), je suis très-pauvre, et mère de trois enfants que j'ai bien de la peine à élever, parce que mon mari, qui est journalier, n'a pas toujours de l'ouvrage.

— Combien vous faudrait-il, reprit Sa Majesté, pour être parfaitement heureuse?

— Oh! Monsieur, il me faudrait beaucoup d'argent.

— Mais encore, ma bonne, combien vous faudrait-il?

— Ah! Monsieur, à moins que nous n'ayons vingt louis, nous ne serons jamais au-dessus de nos affaires; mais quelle apparence que nous ayons jamais vingt louis! »

L'empereur lui fit donner sur-le-champ une somme de trois mille francs en or, et il ordonna à Constant, son premier valet de chambre, de défaire les rouleaux, et de jeter le tout dans le tablier de la bonne femme. A la vue d'une si grande quantité d'or, cette dernière pâlit, chancelle, et on la vit près de s'évanouir. « Ah! c'est trop, Monsieur, c'est vraiment trop. Pourtant vous ne voudriez pas vous jouer d'une pauvre femme? »

L'empereur la rassura en lui disant que tout était bien pour elle, et qu'avec cet argent elle pourrait acheter un petit champ, un troupeau de chèvres, et faire bien élever ses enfants.

Vive l'Empereur quand même!....

Le lendemain du combat devant Ulm, l'empe-

reur visitant les ambulances, un canonnier de l'artillerie légère qui n'avait plus qu'une cuisse, et qui
criait de toutes ses forces : *vive l'empereur!* attira
son attention. Il s'approcha du soldat, et lui dit :
« Est-ce donc là tout ce que tu as à me dire? —
Non, Sire, je puis aussi vous apprendre que j'ai à
moi seul démonté quatre pièces de canon aux Autrichiens ; et c'est le plaisir de les voir enfoncés qui
me fait oublier que je vais bientôt tourner de l'œil
pour toujours. » L'empereur, ému de tant de fermeté, donna sa croix au canonnier, prit le nom de
ses parents, et lui dit : « Si tu en reviens, à toi
l'hôtel des Invalides. — Merci, Sire, mais la saignée
a été trop forte ; ma pension ne vous coûtera pas
bien cher ; je vois bien qu'il faut descendre la garde,
mais *vive l'empereur quand même!* » Malheu-
reusement ce brave militaire ne sentait que trop
bien son état ; il ne survécut pas à l'amputation de
sa cuisse.

Proclamation énergique.

Bonaparte, premier consul, avait fait quelques
tentatives pour engager l'Angleterre et l'Autriche
à entrer en négociations avec le gouvernement consulaire. Ces tentatives étant demeurées inutiles, il
fallut donner à la guerre une nouvelle activité, et
dire en même temps pourquoi la paix promise aux
premiers jours du consulat, n'était encore qu'une
promesse. Pour atteindre en même temps ce double
but, Bonaparte adressa aux armées la proclamation
que l'on va lire :

« Soldats,

« En promettant la paix au peuple français, j'ai
été votre organe ; je connais votre valeur.

10

« Vous êtes les mêmes hommes qui conquirent la
Hollande, le Rhin, l'Italie, et donnèrent la paix
sous les murs de Vienne étonnée.

« Soldats, ce ne sont plus vos frontières qu'il
faut défendre, ce sont les états ennemis qu'il faut
envahir.

« Il n'est aucun de vous qui n'ait fait plusieurs
campagnes, qui ne sache que la qualité la plus es-
sentielle d'un soldat, est de savoir supporter les
privations avec constance : plusieurs années d'une
mauvaise administration ne peuvent être réparées
dans un jour.

« Premier magistrat de la République, il me sera
doux de faire connaître à la nation entière les corps
qui mériteront, par leur discipline et leur valeur
d'être proclamés les soutiens de la patrie.

« Soldats, lorsqu'il en sera temps, je serai au
milieu de vous, et l'Europe étonnée se souviendra
que vous êtes de la race des braves. »

Napoléon et les Echecs.

Napoléon jouait aux échecs, mais très-rarement,
et cela, parce qu'il était de la troisième force, et
qu'il n'aimait point à être battu à ce jeu. En partant de Passeriano, il devait passer par Mantoue.
On lui dit que le général, commandant cette place,
nommé Beauvoir, était un des plus forts joueurs
d'échecs. Napoléon désira faire sa partie. Le général
Beauvoir lui demanda de désigner le pion qui le ferait mât, en lui déclarant que si ce pion était pris,
il gagnait la partie. Napoléon désigna le dernier
pion à la gauche de son adversaire. On y mit une

petite marque, et ce fut ce pion qui le fit mât. Napoléon n'était rien moins que content. Il aimait bien à jouer avec Bourrienne, parce que, quoi qu'un peu plus fort que lui, il ne l'était pas ass.z pour le gagner toujours. Dès qu'une partie était à lui, il cessait le jeu pour rester sur ses lauriers.

Le Bon calcul.

Parmi les instructions particulières que Napoléon donnait à Bourrienne, son secrétaire intime, il en est une assez singulière : « La nuit, dit-il, vous entrerez le moins possible dans ma chambre. Ne m'éveillez jamais quand vous aurez une bonne nouvelle à m'annoncer, avec une bonne nouvelle, rien ne presse. Mais s'il s'agit d'une mauvaise nouvelle, réveillez-moi à l'instant même, car alors il n'y a pas un instant à perdre. » Ce calcul était bon, et souvent Napoléon s'en trouva bien.

Ce n'est pas un poltron, celui-là!

A la prise de Ratisbonne, le 23 avril 1809, l'empereur reçut au pied droit une balle morte qui lui fit une assez forte contusion. Le bruit s'en répandit dans l'armée. M. Yvan fit le pansement, coupa et laça la botte de l'empereur, qui remonta sur-le-champ à cheval. Plusieurs généraux l'engagèrent à prendre du repos, mais il leur répondit : *Mes amis, ne faut-il pas que je voie tout ?* Rien ne pourrait exprimer l'enthousiasme des soldats, quand on leur apprit que sa blessure n'offrait aucun danger. *L'empereur est exposé comme nous,* disaient-ils, *ce n'est pas un poltron, celui-là !*

Saint Jérôme du Corrège.

Napoléon, dans sa première campagne d'Italie, fit enlever à Venise plusieurs tableaux, qu'il envoya au Directoire, entre autres un *saint Jérôme* du Corrège ; la fin de sa missive aux Directeurs était terminée par cette phrase : « Je suis fâché que ce saint prenne si mal son temps pour voyager, mais j'espère que vous lui accorderez les honneurs du Muséum. »

Fidélité de l'armée.

Le soir même de son arrivée aux Tuileries, en 1815, Napoléon s'entretint longuement de la situation de la France avec le duc d'Otrante et les autres dignitaires de l'Etat : Tous paraissaient ivres de bonheur et d'espérance. L'empereur lui-même ne pouvait dissimuler son ravissement ; ses discours se ressentaient de l'agitation de son cœur ; les mêmes paroles lui revenaient sans cesse à la bouche. Il faut en convenir, elles n'étaient point flatteuses pour la foule de courtisans et de grands personnages qui l'obsédaient déjà ; il répétait sans cesse : « Ce « sont les gens désintéressés qui m'ont ramené à « Paris ; ce sont les sous-lieutenants et les soldats « qui ont tout fait ; c'est au peuple, c'est à l'armée « que je dois tout. »

Aspect du camp de Boulogne.

Napoléon attirait sur son camp de Boulogne l'attention et les regards de l'Europe. Ce camp offrait l'aspect d'une superbe ville. Aux manœuvres militaires se mêlaient les spectacles et les danses. Les arts, les plaisirs y affluaient et formaient un contraste étonnant avec l'ordre et la discipline. La présence de l'empereur tenait chacun et chaque chose à sa place. Paris et l'armée s'étaient réunis sans désordre et sans confusion. Une cour brillante distinguait le quartier impérial. Des fêtes y annoncèrent, y terminèrent la plus auguste solennité, celle où Napoléon distribua à sa brave armée le signe de l'honneur, le prix de la bravoure. En le recevant, le soldat tournait son regard sur le rivage d'Angleterre, et ce regard exprimait le dévouement et la certitude de vaincre. Jamais aucun monarque n'a fait espérer et craindre de plus grands évènements.

Napoléon et Monge.

A l'époque du consulat à vie, le premier consul se promenant un jour à la Malmaison avec le sénateur Monge, pour lequel il avait beaucoup d'amitié, lui parla avec confiance de tout ce qui se faisait : il était heureux de l'attachement que lui montrait la France, et le témoignait à Monge.

Et vous sénateur Monge, lui dit-il en souriant, êtes-vous content ?

— Je ne le serai complétement, citoyen premier Consul, lui répondit Monge, que lorsque votre vœu à vous-même sera rempli, et que je vous ferai ma révérence, comme juge de paix de votre canton.

Le premier consul se mit à rire, et prit fort bien la plaisanterie. Pour la comprendre tout entière, il faut savoir qu'un jour le premier consul, alors gé-

néral en chef de l'armée d'Italie, se trouvant à Mor-
fontaine avec Monge et plusieurs autres savants,
comme Berthollet et Lap'ace, les félicitait du bonheur qu'ils avaient de s'illustrer sans que le sang
tachât leur brevet d'immortalité.

« Quant à moi, leur dit-il, je ne serai heureux,
« que, lorsque, après avoir donné la paix à l'Eu-
« rope ; je pourrai pour toute récompense, obtenir
« le titre de juge de paix de mon canton. »

Mademoiselle Bourgoing, actrice du théâtre français.

On sait que Napoléon avait emmené avec lui à
Erfurt, où devaient se réunir l'empereur Alexandre
et plusieurs autres souverains, l'élite des artistes
du Théâtre Français, pour jouer la comédie devant
ces souverains. Mademoiselle Bourgoing était du
nombre.

L'empereur Alexandre et Napoléon allaient ensemble presque tous les soirs. L'autocrate trouvait
mademoiselle Bourgoing charmante et ne s'en ca-
chait pas. Celle-ci le savait, et tout ce qu'elle ju-
geait capable d'exciter le goût du monarque, elle
le mettait en usage. Un jour enfin, le czar amou-
reux fit part à Napoléon de ses dispositions à l'é-
gard de mademoiselle Bourgoing. « Je ne vous con-
« seille pas de lui faire des avances, dit Napoléon.
« — Vous croyez qu'elle refuserait ? — Oh ! non,
« mais c'est demain jour de poste, et dans cinq
« jours tout Paris saurait comment des pieds à la
« tête est faite votre Majesté, et puis votre santé
« m'intéresse.... Ainsi je souhaite que vous puissiez
« résister à la tentation. » Ces mots refroidirent

singulièrement l'ardeur de l'autocrate, qui remercia Napoléon de son bon avertissement et lui dit : « à la « manière dont parle Votre Majesté, je serais tenté « de croire que vous gardez à cette charmante ac- « trice quelque rancune personnelle. — Non, en « vérité, répliqua Napoléon, je n'en sais que ce que « l'on en dit. »

Tableau du Couronnement.

Napoléon et son épouse allèrent visiter le célèbre David dans son atelier de la Sorbonne, afin de voir le magnifique tableau du couronnement qui venait d'être achevé. Leurs Majestés admirèrent long-temps cette belle composition ; le peintre était glo-rieux d'entendre sa Majesté nommer l'un après l'autre tous les principaux personnages du tableau dont la ressemblance était parfaite. « Que c'est « grand ! disait l'empereur, que c'est beau ! Quel « relief ont les objets ! Quelle vérité! Ce n'est pas « une peinture, on marche dans ce tableau. »

Le Conscrit.

Dans une de ses excursions autour de Vienne, Napoléon rencontra un conscrit très jeune qui re-joignait son corps ; il l'arrête, lui demande son nom, son âge, son régiment, son pays. « Monsieur, répond « le soldat qui ne le connaissait pas, je m'appelle « Martin, j'ai dix-sept ans, et je suis des Hautes- « Pyrénées. — Tu es donc Français? — Oui, Mon- « sieur. — Ah! Tu es un coquin de Français !...... « Qu'on désarme cet homme et qu'on le pende.....

« — Oui, morbleu je suis Français, répète le cons-
« crit, et *Vive l'Empereur !* » Sa Majesté rit beaucoup ; le conscrit fut détrompé, félicité et courut
rejoindre ses camarades avec la promesse d'une
récompense, promesse que l'empereur ne tarda pas
à exécuter.

A l'Ennemi ! A l'Ennemi !

Dans sa première campagne d'Italie, Napoléon
avait chargé le général Valette de défendre le village de Castiglione jusqu'à la dernière extrémité, ce
général abandonna son poste ; cette circonstance
imprévue dérangea le plan de Napoléon qui jugea
convenable de se retirer sur le Pô. S'étant rendu à
Montenotte, il communiqua à Augereau son projet
de retraite que celui-ci combattit fortement en s'ap-
puyant sur la bonne disposition des troupes. Napoléon passa en revue la division Augereau, et s'adressant aux soldats, leur dit : « Savez-vous, mes amis,
« que vous avez devant vous vingt-cinq mille hom-
« mes de vieilles bandes autrichiennes, comman-
« dées par Wurmser? » — « Qu'importe ! s'écriè-
« rent d'une voix unanime les vainqueurs de Lodi.
« Général, ajoutèrent-ils, nous n'avons jamais
« compté nos ennemis, reposez-vous sur nous. »
A l'aspect du général en chef passant sur le front
de bandière, les troupes d'Augereau firent entendre
les cris mille fois répétés de *Vive la république !
Vivent nos braves généraux ! A l'ennemi ! Point
de retraite !* et quelques soldats, s'élançant hors des
rangs, et montrant à Napoléon les hauteurs de Castiglione lui dirent : « C'est là que nous jurons de
« remporter la victoire ou de périr tous. » Ces

expressions du plus noble enthousiasme fixèrent
l'irrésolution de Napoléon, qui, se tournant vers
Augereau, lui dit avec une émotion visible : « Oui ;
« je dois croire qu'avec des braves comme ceux-là,
« on ne peut être vaincu. »

Danger des Préventions.

L'empereur avec son immense génie, avait le défaut de prendre des préventions en mal contre telle
ou telle femme de sa cour. Madame Regnault était
du nombre des personnes qui avaient le malheur de
ne pas plaire à Napoléon. Cette dame qui joignait à
beaucoup d'esprit et de douceur, les charmes de la
figure et des grâces, se trouva un jour à un bal que
donnait la grande-duchesse de Berg dans ses beaux
jardins de Neuilly. L'empereur avait de l'humeur...,
il faisait brusquement le tour du cercle. Madame
Regnault se trouve devant lui, et dans l'impossibilité de l'éviter. Il s'arrête, la fixe, la toise et regarde sa toilette qui était charmante ; Napoléon sourit
avec amertume. — « Savez-vous que vous vieillissez
« terriblement, Madame Regnault? lui dit-il. —
« Ce que Votre Majesté me fait l'honneur de me
« dire, lui répondit-elle, serait bien dur à entendre,
« si j'étais d'âge à m'en fâcher. »

Pensée remarquable de Napoléon.

« Le soldat ne considère, disait l'empereur, ni la
force physique, ni même beaucoup la bravoure extraordinaire, pourvu que son chef ne soit pas poltron ; mais ce qu'il veut en lui, ce qui lui donne

confiance, c'est la certitude que son général, son colonel, son capitaine, enfin celui sous lequel il marche, est savant, et assez savant pour connaître tout ce qui peut lui arriver, et le prévoir en combattant. »

Proclamation de Napoléon à son armée à son départ pour l'Espagne.

Soldats! Après avoir triomphé sur les bords du Danube et de la Vistule, vous avez traversé l'Allemagne à marches forcées : je vous fais aujourd'hui traverser la France sans vous donner un instant de repos.

Soldats! j'ai besoin de vous. La présence hideuse du léopard souille les continents d'Espagne et du Portugal : qu'à votre aspect il fuie épouvanté ; portons nos aigles triomphantes jusqu'aux colonnes d'Hercule : là aussi nous avons des outrages à venger.

Soldats! vous avez surpassé la renommée des armées modernes ; vous avez égalé la gloire des armées de Rome qui, dans une même campagne, triomphèrent sur le Rhin et sur l'Euphrate, en Illirie et sur le Tage.

Une longue paix et une prospérité durables seront le prix de vos travaux. Un vrai Français ne peut, ne doit prendre de repos que les mers ne soient ouvertes et affranchies.

Soldats, tout ce que vous avez fait, tout ce que vous ferez encore pour le bonheur du peuple Français et pour ma gloire, sera éternellement gravé dans mon cœur.

Une inscription de Longwood.

Des milliers d'inscriptions couvrent les murs de la salle de billard de la maison que l'empereur occupait à Longwood. La plupart d'entre elles témoignent des regrets et de l'amour de ceux qui les ont tracées. La suivante est remarquable par sa naïveté :

« *Je t'aimais diablement quand t'étais en vie, je t'aime ben plus maintenant que t'es mort.* »

Courtois, de la 27e,

Le prêtre français émigré.

Les troupes françaises, pendant la guerre de la Révolution, entraient à Bologne, en Italie. Une dame de cette ville, qui avait retiré chez elle un prêtre français émigré, le presse, dans son épouvante, de sortir de chez elle. Cet ecclésiastique, pardonnant à la peur, et respectant les ordres de celle qui jusque-là lui avait donné l'hospitalité, sort aussitôt de chez elle, et va trouver Bonaparte, général en chef de l'armée française. — Général, je viens vous demander une grâce. — Quelle est elle, monsieur? — De me faire fusiller à la tête de votre camp. — Pourquoi cette étrange demande? — Je suis Français, émigré, prêtre. Je ne subsistais

ici que par la générosité d'une dame qui, à l'approche de votre armée, n'a pas cru devoir me garder
plus longtemps. Je n'ai donc plus qu'à mourir. Je
viens me soumettre. — Retournez, monsieur, chez
votre bienfaitrice, et dites-lui de ma part qu'elle
continue d'être votre sauvegarde, et que vous serez
la sienne.

Histoire de Napoléon par Walter-Scott.

Lorsque Walter-Scott écrivit son *Histoire de
Napoléon*, il vint en France, comme on sait, pour
recueillir des documents, ou plutôt des calomnies
sur son héros, peut-être devrions-nous dire sur la
victime de sa plume. Le duc de Tarente (Macdo-
nald), pair de France, lui fit proposer des documents que lui-même avait à donner, et certes la
mine était abondante et précieuse. Walter-Scott
répondit par un refus : « *Je prends toujours mes
renseignements dans les bruits populaires* », dit-
il. Nous n'ajouterons aucune réflexion à ce mot,
l'histoire qu'il a faite y répond pour nous.

Napoléon et l'automate joueur d'échecs.

Le château de Schœnbrunn, lorsque Napoléon y
séjourna, était devenu le rendez-vous de tous les
savants illustres, et de tous les artistes célèbres de

l'Allemagne. Il ne paraissait point un ouvrage nouveau, point une invention curieuse qu'aussitôt l'empereur ne donnât l'ordre de lui en présenter les auteurs.

M. Maëlzel avait fabriqué un automate connu dans toute l'Europe sous le nom de *joueur d'échecs.* Il l'avait apporté à Schœnbrunn pour le faire voir à sa Majesté, et l'avait monté dans l'appartement du prince de Neufchâtel. L'empereur alla chez le prince.

L'automate était assis devant une table sur laquelle le jeu d'échecs était déposé. Sa Majesté prend une chaise, et s'asseyant en face de l'automate, dit en riant : « Allons, mon camarade, à nous deux. »

L'automate salue et fait signe de la main à l'empereur, comme pour lui dire de commencer. La partie engagée, l'empereur fait deux ou trois coups, et pose exprès une pièce à faux. L'automate salue, reprend la pièce et la remet à sa place. Sa Majesté triche une seconde fois ; l'automate salue encore, mais il confisque la pièce. *C'est juste*, dit sa Majesté, et pour la troisième fois il triche. Alors l'automate secoue la tête, et, passant la main sur l'échiquier, il renverse tout le jeu.

Napoléon à Toulon.

Au siége de Toulon, Barras qui avait en main toute l'autorité comme commissaire de la Convention nationale, ordonna le déplacement d'une batterie de canon. Bonaparte qui, en qualité d'officier d'artillerie, l'avait fait placer, répondit avec fermeté : « Citoyen, faites votre métier de représentant, et me laissez faire celui d'artilleur; cette batterie est bien, je réponds du succès. » Et le succès répondit à l'attente de l'officier artilleur.

Napoléon mauvais valseur.

L'empereur fit, pour plaire à Marie-Louise, plus de frais qu'il n'en avait jamais fait pour aucune femme. Un jour que Napoléon était seul avec la reine Hortense et la princesse Stéphanie, celle-ci lui demanda malicieusement s'il savait valser : Sa Majesté répondit qu'elle n'avait jamais pu aller au-delà d'une première leçon, et qu'au bout de deux ou trois tours, il lui prenait un éblouissement qui l'empêchait de continuer. « Quand j'étais à l'École « Militaire, ajouta l'empereur, j'ai essayé, je ne « sais combien de fois, de surmonter les étourdis- « sements que la valse me causait, sans pouvoir y « parvenir. Notre maître de danse nous avait con- « seillé de prendre, pour valser, une chaise entre « nos bras, en guise de dame. Je ne manquais ja- « mais de tomber avec la chaise que je serrais « amoureusement, et de la briser. Les chaises de « ma chambre, et celles de deux ou trois de mes « camarades, y passèrent l'une après l'autre. »

Le futur Empereur et le futur Roi.

En 1785, après des examens brillants, Napoléon

tut nommé sous-liéutenant en second au régiment
de La Fère, alors en garnison dans le Dauphiné.
Après être resté quelque temps à Grenoble, où son
passage n'a laissé d'autres traces qu'un mot apo-
cryphe sur Turenne, il vint habiter Valence : là,
quelques lueurs du soleil de l'avenir commencent
à se glisser dans le crépuscule du jeune homme
ignoré. Napoléon, on le sait, était pauvre ; mais si
pauvre qu'il fût, il pensa qu'il pouvait venir en aide
à sa famille, et appela en France son frère Louis,
qui était de neuf ans plus jeune que lui. Tous deux
logeaient chez mademoiselle Bou, Grande-Rue, n. 4,
Bonaparte avait une chambre à coucher, et au-
dessus de cette chambre le petit Louis habitait une
mansarde. Chaque matin fidèle à ses habitudes de
collége, dont il devait plus tard se faire une vertu des
camps, Napoléon éveillait son frère en frappant le
plancher d'un bâton, et lui donnait sa leçon de mathématiques. Un jour le jeune Louis qui avait grande
peine à se faire à ce régime, descendit avec plus de
regret et de lenteur que de coutume ; aussi Napoléon
allait-il frapper le plancher une seconde fois, lorsque
l'écolier tardif entra enfin.

Eh bien ! Qu'il y a-t-il donc ce matin, il me semble que nous sommes bien paresseux, dit Napoléon.

Oh ! Frère, dit l'enfant, je faisais un si beau rêve.

— Et que rêvais-tu donc ?

— Je rêvais que j'étais roi.

— Et qu'étais-je donc alors moi ?..... Empereur ?
dit en haussant les épaules le jeune sous-lieutenant.
Allons ! à la besogne.

Et la leçon journalière fut comme d'habitude,
prise par le futur roi et donnée par le futur empereur.

Cette scène se passa devant M. Parmentier, médecin du régiment où Napoléon était sous-lieutenant en second.

Les Deux Sœurs devenues reines.

M. Clary négociant à Marseille, avait deux filles ; l'une était déjà mariée à Joseph Bonaparte, elle devint depuis reine de Naples, puis d'Espagne. Napoléon demanda la seconde, elle lui fut refusée, M. Clary répondit qu'il avait assez d'un Bonaparte dans sa famille ; elle épousa depuis le général Bernardotte et devint reine de Suède, il était dans la destinée des deux sœurs de devenir reines et la dernière aurait même pu devenir impératrice des Français !

Bon Mot d'un Grenadier.

Tout se préparait pour porter un grand coup à l'Autriche ; l'avant-veille de la bataille d'Austerlitz, Napoléon fit demander une entrevue à l'empereur de Russie. Ce dernier ne crut pas devoir y souscrire. Ce monarque cependant lui envoya le prince Dolgorouski, son aide-de-camp. Cet officier général crut remarquer des signes de terreur dans le camp des Français, dont il attribua la cause à la présence des guerriers russes. Napoléon écouta avec le plus grand sang-froid ses ridicules propositions, et renvoya cet insolent envoyé plein de l'idée que l'armée française était à la veille de sa perte. L'empereur revint à pied jusqu'au premier poste d'infanterie de son armée ; c'était des grenadiers. Il était irrité, et il témoignait sa mauvaise humeur en frappant de sa cravache les mottes de terre qui étaient sur sa route. La sentinelle, vieux soldat, l'écoutait, et s'étant mise à l'aise, il bourrait sa pipe, ayant son fusil entre ses jambes. Napoléon en passant près de lui, dit en le regardant : « *Ces b...... là croient qu'il n'y a plus qu'à nous avaler !* » Le vieux soldat se mit aussitôt de la conversation : *« Oh ! Oh !* répliqua-t-il, *ça n'ira pas comme ça, nous nous mettrons en travers.* »

Ce bon mot fit rire l'empereur, et reprenant un air serein, il monte à cheval et rejoint le quartier-général.

Sur quoi compter ?

Le 18 avril 1814, l'empereur Alexandre vint demander à déjeûner à l'impératrice Marie-Louise. Après le déjeûner, le czar demanda à l'impératrice la permission d'aller voir son fils. M. de Bausset le précéda, après avoir fait prévenir madame de Montesquiou. En voyant ce bel enfant, Alexandre l'embrassa, le carressa et l'examina beaucoup. Il dit des choses flatteuses à madame de Montesquiou, et embrassa encore, en la quittant, le *petit roi* dont il venait de détrôner le père !!!

Le Curé champenois.

Après avoir chassé les Russes de Troyes, Napoléon quitta cette ville pour se porter sur Arcis-sur-Aube. Le soir, on bivouaqua non loin de La Fère-Champenoise ; Napoléon entra chez le curé du village d'Herbise. Le presbytère se composait d'une seule chambre et d'un fournil. L'empereur se renferme dans la chambre, et y abrège la nuit dans ses travaux accoutumés. Les maréchaux, les généraux, aides-de-camp, les officiers d'ordonnance et les autres officiers de la maison remplissent aussitôt le fournil. Le curé veut faire les honneurs de chez lui; au milieu de tant d'embarras, il a le malheur de s'engager dans une querelle de latin avec le maréchal Lefèvre; pendant ce temps, les officiers d'ordonnance se groupent autour de sa nièce, qui leur chante des cantiques. Le mulet de la cantine arrive enfin. On établit aussitôt une porte sur un tonneau; quelques planches sont ajustées autour en forme de bancs. Le curé prend place à droite du grand-maréchal; d'autres mangent debout, et la conversation s'engage sur le pays où l'on se trouve. Le bon curé d'Herbise a peine à concevoir comment ces militaires connaissent si bien les localités; lui qui n'a jamais vu les feuilles de Cassini, il veut absolument que tout son monde soit Champenois. Les naïvetés du curé égaient ainsi la fin du repas: bientôt après on se disperse dans les granges voisines, les officiers de service restent seuls auprès de la chambre de Napoléon. On leur apporte des bottes de paille; et le curé ne pouvant aller coucher dans son lit, on lui cède la place d'honneur sur le lit de camp. Le lendemain matin, Napoléon était à cheval que le curé n'était pas encore réveillé; il se réveille enfin; mais pour le consoler de n'avoir pas fait ses adieux, il ne faut rien moins qu'une bourse que le grand-maréchal lui fait remettre, et qui est l'indemnité d'usage dans toutes maisons peu aisées où Napoléon s'arrête.

Derniers moments de Napoléon (1).

Les derniers jours de Napoléon furent aussi grands
que les plus glorieuses époques de se vie. Trop certain de sa mort, il souriait de pitié ou plutôt de com-
passion à ceux qui cherchaient à combattre en lui
cette idée. Pouvez-vous joindre cela ? dit-il à
M. Munckhouse, officier anglais, après avoir coupé
en deux les cordons de la sonnette de son lit : aucun remède ne peut me guérir, mais ma mort sera
un baume salutaire pour nos ennemis. J'aurais désiré revoir ma femme et mon fils ; mais que la
volonté de Dieu soit faite ! » Puis avec une attitude
digne de Socrate, il ajouta : « Il n'y a rien de terrible dans la mort. Elle a été la compagne de mon
oreiller pendant ces trois semaines, et à présent
elle est sur le point de s'emparer de moi pour jamais. » Un autre jour il dit : « Les monstres ! me
font-ils assez souffrir ! Encore s'ils m'avaient fait
fusiller, j'aurais eu la mort d'un soldat..... j'ai fait
plus d'ingrats qu'Auguste ; que ne suis-je, comme
lui, en situation de leur pardonner.. ! » La nouvelle
maison destinée à Napoléon venait d'être terminée.
« Elle me servira de tombeau, dit-il, » et en effet,
on put en prendre les pierres pour bâtir le caveau
où il reposa.

Le 15 avril, Napoléon s'enferme avec MM. Montholon et Marchand ; il fait ce testament où il n'ou-
blie personne, ni ceux qui l'ont suivi, ni ceux qu'il
a laissés en France, ni ceux qui depuis longtemps
avaient cessé de vivre, ni aussi les pervers qui l'ont

(1) Extrait de l'histoire de Napoléon, par M. de Norvins.

trahi. Cet inventaire : sentiments de Napoléon remonte de la prison de Longwood à sa jeunesse : près du dernier moment, il songe aux enfants du général Dutheil, qui a pris soin de lui dès son entrée dans la carrière militaire ; à la famille du représentant Gasparin, qui a sanctionné les inspirations du génie, et défendu leur auteur contre la prévention ; au fils de l'intrépide Dugommier, son ami, et le premier qui ait deviné le maître de l'Europe, dans un jeune commandant d'artillerie de la République. Parmi ses légataires sont les soldats de l'île d'Elbe, les blessés de Waterloo, les proscrits de l'amnistie de 1815, les victimes de la réaction, les anciens amis, les serviteurs fidèles : sa chère ville de Brienne et huit provinces de France ont part aux libéralités de cet autre César, non moins reconnaissant, et non moins généreux que le premier. De son lit de mort, Napoléon conservant en quelque sorte son autorité jusqu'à la dernière heure, stipule aussi ses intérêts, qui, après lui, doivent occuper deux empires. Son vœu le plus cher est que ses cendres reposent sur les bords de la Seine, *au milieu de ce peuple français qu'il a tant aimé..... Il recommande à son fils de ne jamais oublier qu'il est né prince français, de ne jamais combattre la France, d'adopter sa devise : Tout pour le peuple français,* etc., etc. Antommarchi arrive : « Voilà mes apprêts, docteur ! lui dit Napoléon en lui montrant des papiers qui couvraient le tapis, je m'en vais....., plus d'illusion, je suis résigné. »

Napoléon était trop pénétré du sentiment de sa propre grandeur pour ne pas croire à l'immortalité de l'âme. Deux jours après, le 21, il voulut rendre l'hommage du chrétien à ce dogme consolateur. La veille, à l'insu des généraux Bertrand et Montholon, l'autel se trouva dressé dans la pièce voisine de la chambre mortuaire. Il avait tout prescrit lui-même au chapelain qui reçut sa confession. L'état du malade ne permit pas qu'on lui administrât le viatique.

Témoin des ordres que Napoléon avait intimés, le 20, à son chapelain, le docteur Antommarchi parut manifester une sorte d'étonnement. « Je ne suis, lui dit Napoléon, ni philosophe ni médecin. N'est pas athée qui veut. » Le 2 mai, dans un accès de délire, il se croyait à la tête de l'armée d'Italie, et s'écriait : Stingel, Desaix, Masséna, allez, courez, prenez la charge, ils sont à nous! » Le lendemain, Napoléon a vu s'approcher sa dernière heure. La veille, on avait entendu le guerrier qui décidait du sort d'une bataille; le 4, une tempête affreuse déracina jusqu'au dernier arbre qui avait prêté son ombrage à Napoléon. Elle parut annoncer que le dernier astre sous lequel la terre avait brillé, allait s'éteindre. A cinq heures et demie du soir, Napoléon n'interrompit le silence léthargique où il était plongé, que pour laisser échapper ces deux mots : *Tête d'armée, bataille*. Telle fut la dernière parole du vainqueur de l'Europe. Le buste de son fils, qu'il avait fait placer depuis un mois, en face de son lit, avait eu son dernier regard : vingt minutes après, les mains qui avaient tenu et donné tant de sceptres, qui avaient élevé tant de monuments et renversé tant de remparts, se glacèrent sous les baisers et sous les larmes des enfants du général Bertrand.

La Colonne.

O toi, dont le noble délire
Charma ton pays étonné,
Eh quoi! Béranger, sur ta lyre,
Mon sujet n'a pas résonné!
Toi, chantre des fils de Bellone,
Tu devrais rougir, sur ma foi,
De m'entendre dire avant toi :
Français, je chante la *colonne!*

Salut, monument gigantesque
De la valeur et des beaux arts,
D'une teinte chevaleresque
Toi seul colore nos remparts.
De quelle gloire t'environne
Le tableau de tant de hauts faits!
Ah! qu'on est fier d'être Français
Quand on regarde la *colonne!*

Avec eux la gloire s'exile,
Osa-t-on dire des proscrits;
Et chacun vers le Champ d'asile
Tournait ses regards attendris.
Malgré la rigueur de Bellone,
La gloire ne peut s'exiler
Tant qu'en France on verra briller
Des noms gravés sur la *colonne!*

L'Europe qui dans ma patrie
Un jour pâlit à ton aspect,
En brisant la tête flétrie
Pour toi conserva du respect.
Car du vainqueur de Babylone
Des héros morts chez l'étranger
Les ombres, pour la protéger,
Planaient autour de la *colonne!*

Anglais, fier d'un jour de victoire,
Par vingt rois conquis bravement,
Tu prétends, pour tromper l'histoire,
Imiter ce beau monument.
Souviens-toi donc, race bretonne,
Qu'en dépit de tes factions,
Du bronze de vingt nations
Nous avons formé la *colonne!*

Et vous qui domptiez les orages,
Guerriers, vous pouvez désormais
Du sort mépriser les outrages:
Les héros ne meurent jamais!
Vos noms, si le temps vous moissonne,
Iront à la postérité,
Vos brevets d'immortalité
Sont burinés sur la *colonne!*

Procrits, sur l'onde fugitive,
Cherchez un destin moins fatal;
Pour moi, comme la sensitive,
Je mourrai loin du sol natatal!
Et si la France un jour m'ordonne
De chercher au loin le bonheur,
J'irai mourir au champ d'honneur
Ou bien au pied de la *colonne!*

Émile DEBRAUX.

TESTAMENT DE NAPOLÉON

—◦◊◦—

Cejourd'hui, 15 avril 1821, à Longwoo
Ile de Sainte-Hélène.

Ceci est mon Testament, ou acte de ma dernière
volonté

I.

1° Je meurs dans la religion apostolique et romaine, dans le sein de laquelle je suis né il y a plus de cinquante ans.

2° Je désire que mes cendres reposent sur les bords de la Seine, au milieu de ce peuple français que j'ai tant aimé.

3° J'ai toujours eu à me louer de ma très chère épouse Marie-Louise. Je lui conserve, jusqu'au dernier moment, les plus tendres sentiments ; je la prie de veiller, pour garantir mon fils des embûches qui environnent encore son enfance.

4° Je recommande à mon fils de ne jamais oublier qu'il est né prince français, et de ne jamais se prêter à être un instrument entre les mains des triumvirs qui oppriment les peuples de l'Europe. Il ne doit jamais combattre ni nuire en aucune manière à la France : il doit adopter ma devise : *Tout pour le peuple français.*

5° Je meurs prématurément, assassiné par l'oligarchie anglaise et son sicaire. Le peuple anglais ne tardera pas à me venger.

Les deux issues si malheureuses des invasions la France, lorsqu'elle avait encore tant de ressources, sont dues aux trahisons de Marmont, Augereau, Talleyrand et Lafayette. Je leur pardonne. Puisse la postérité française leur pardonner comme moi !

7° Je remercie ma bonne et excellente mère, le cardinal, mes frères Joseph, Lucien, Jérôme; Pauline, Caroline, Julie, Hortense, Catherine, Eugène, de l'intérêt qu'ils m'ont conservé. Je pardonne à Louis le libelle qu'il a publié en 1820. Il est plein d'assertions fausses et de pièces falsifiées.

8° Je désavoue le manuscrit de Sainte-Hélène et autres ouvrages sous le titre de *Maximes, sentences*, etc., que l'on s'est plu à publier depuis six ans : ce ne sont pas là les règles qui ont dirigé ma vie. J'ai fait arrêter et juger le duc d'Enghien, parce que cela était nécessaire à la sûreté, à l'intérêt et à l'honneur du peuple français (1), lorsque... entretenait, de son aveu, soixante assassins dans Paris. (Dans de semblables circonstances, j'agirais de même.)

---

(1) Tout ce qui peut expliquer la pensée, peindre la situation intérieure de Napoléon écrivant son testament, est digne d'intérêt. Or, il est aisé de se convaincre, à l'inspection de l'original, qu'il a d'abord fini l'article I⁰ⁱ à notre renvoi, car, immédiatement au-dessous de la ligne, il écrit le numéro II de l'article suivant, qu'on voit plus bas; mais, trouvant sans doute que sa phrase n'a pas rendu tout ce qu'il voulait, il raie ce numéro II, et ajoute ce qu'on lit comme complément, explication et justification de ce qui précède.

II.

1° Je lègue à mon fils les boîtes, ordres et autres objets, tels qu'argenterie, lits de camp, armes, selles, éperons, vases de ma chapelle, livres, linge qui a servi à mon corps et à mon usage, conformément à l'état annexé, coté A. Je désire que ce faible legs lui soit cher, comme lui retraçant le souvenir d'un père dont l'univers l'entretiendra.

2° Je lègue à lady Holland le camée antique que le pape Pie VI m'a donné à Tolentino.

3° Je lègue au comte Montholon deux millions de francs, comme une preuve de ma satisfaction des soins filials qu'il m'a rendus depuis six ans, et pour l'indemniser des pertes que son séjour à Sainte-Hélène lui a occasionnées.

4° Je lègue au comte Bertrand cinq cent mille francs.

5° Je lègue à Marchand, mon premier valet de chambre, quatre cent mille francs : les services qu'il m'a rendus sont ceux d'un ami. Je désire qu'il épouse une veuve, sœur ou fille d'un officier ou soldat de ma vieille-garde.

6° Idem à Saint-Denis, cent mille francs.

7° Idem à Noverraz, cent mille francs.

8° Idem à Pierron, cent mille francs.

9° Idem à Archambaud, cinquante mille francs.

10° Idem à Chandellier, idem.

11° Idem à Cursor, vingt-cinq mille francs.

12° A l'abbé Vignali, cent mille francs. Je désire qu'il bâtisse sa maison près de Ponte-Nuovo di Costino.

13° Idem au comte de Las-Cases, cent mille francs.

14° Idem au comte de Lavallette, cent mille francs.

15° Idem au chirurgien en chef Larrey, cent mille francs. C'est l'homme le plus vertueux que j'aie connu (1).

16° Idem au général Brahyer, cent mille francs.

17° Idem au général Lefebvre-Desnouettes, cent mille francs.

18° Idem au général Drouot, cent mille francs.

19° Idem au général Cambronne, cent mille francs.

20° Idem aux enfants du général Mouton-Duvernet, cent mille francs.

21° Idem aux enfants du brave Labédoyère, cent mille francs.

22° Idem aux enfants du général Girard, tué à Ligny, cent mille francs.

23° Idem aux enfants du général Chartrand, cent mille francs.

24° Idem aux enfants du vertueux général Travost, cent mille francs.

25° Idem au général Lallemand l'aîné, cent mille francs.

26° Idem au comte Réal, cent mille francs.

27° Idem à Costa de Bastilica en Corse, cent mille francs.

28° Idem au général Clausel, cent mille francs.

29° Idem au baron de Menneval, cent mille francs.

30° Idem à Arnault, auteur de *Marius*, cent mille francs.

(1) On trouve au *Mémorial*, tom. VI, mercredi 23 octobre 1816, la circonstance intéressante et curieuse qui a mérité une si magnifique apostille.

31° Idem au colonel Marbot, cent mille francs. Je l'engage à continuer à écrire pour la défense de la gloire des armées françaises, et à confondre les calomniateurs et les apostats.

32° Idem au baron Bignon, cent mille francs. Je l'engage à écrire l'histoire de la diplomatie française de 1792 à 1815.

33° Idem à Poggi di Talavo, cent mille francs.

34° Idem au chirurgien Emmery, cent mille francs.

35° Ces sommes seront prises sur les six millions que j'ai placés en partant de Paris en 1815, et sur les intérêts à raison de 5 pour 100 depuis juillet 1815; les comptes en seront arrêtés avec le banquier, par les comtes Montholon, Bertrand et Marchand.

36° Tout ce que ce placement produira au-delà de la somme de 5,600,000 fr., dont il a été disposé ci-dessus, sera distribué en gratifications aux blessés de Waterloo, et aux officiers et soldats du bataillon de l'île d'Elbe, sur un état arrêté par Montholon, Bertrand, Drouot, Cambronne et le chirurgien Larrey.

37° Ces legs, en cas de mort, seront payés aux veuves et enfants, et, au défaut de ceux-ci, rentreront à la masse.

III.

1° Mon domaine privé étant ma propriété, dont aucune loi française ne m'a privé, que je sache, le compte en sera demandé au baron de La Bouillerie, qui en est le trésorier. Il doit se monter à plus de 200,000,000 fr., savoir: 1° le portefeuille contenant les économies que j'ai, pendant quatorze ans, faites sur ma liste civile, lesquelles se sont élevées à plus de 12,000,000 par an, si j'ai bonne mémoire; 2° le produit de ce portefeuille ; 3° les meubles de mes palais tels qu'ils étaient en 1814, les palais de Rome, Florence, Turin, y compris tous ces meubles, ont été achetés des deniers des revenus de la liste civile; 4° la liquidation de mes maisons du royaume d'Italie: tels qu'argent, argenterie, bijoux, meubles, écuries ; les comptes en seront donnés par le prince Eugène et l'intendant de la couronne Campagnoni.

2° Je lègue mon domaine privé, moitié aux officiers et soldats qui restent des armées françaises qui ont combattu depuis 1792 jusqu'à 1815, pour la gloire et l'indépendance de la nation (la répartition en sera faite au prorata des appointements d'activité), moitié aux villes et campagnes d'Alsace, de Lorraine, de Franche-Comté, de Bourgogne, de l'Ile-de-France, de Champagne, Forez, Dauphiné, qui auraient souffert par l'une ou l'autre invasion. Il sera de cette somme prélevé un million pour la ville de Brienne, et un million pour la ville de Méry.

J'institue les comtes Montholon, Bertrand et Marchand, mes exécuteurs testamentaires.

Ce présent testament, tout écrit de ma propre main, est signé et scellé de mes armes.

Signé NAPOLÉON.

ÉTAT **A** JOINT A MON TESTAMENT.

I.

1° Les vases sacrés qui ont servi à ma chapelle à Longwood ;

2° Je charge l'abbé Vignali de les garder et de les remettre à mon fils quand il aura seize ans.

II.

1º Mes armes, savoir : mon épée, celle que je portais à Austerlitz, le sabre de Sobieski, mon poignard, mon glaive, mon couteau de chasse, mes deux paires de pistolets de Versailles ;

2º Mon nécessaire d'or, celui qui m'a servi le matin d'Ulm, d'Austerlitz, d'Iena, d'Eylau, de Friedland, de l'île de Lobeau, de la Moskowa, de Montmirail. Sous ce point de vue, je désire qu'il soit précieux à mon fils (Le comte Bertrand en est dépositaire depuis 1814) ;

3º Je charge le comte Bertrand de soigner et conserver ces objets, et de les remettre à mon fils quand il aura seize ans.

III.

1º Trois petites caisses d'acajou contenant, la première, trente-trois tabatières ou bonbonnières ; la deuxième, douze boîtes aux armes impériales, deux petites lunettes et quatre boîtes trouvées sur la table de Louis XVIII, aux Tuileries, le 20 mars 1815 ; la troisième, trois tabatières ornées de médailles d'argent à l'usage de l'empereur, et divers objets de toilette, conformément aux états numérotés : I, II, III.

2º Mon lit de camp, dont j'ai fait usage dans toutes mes campagnes.

3º Ma lunette de guerre.

4º Mon nécessaire de toilette. Un de chacun des mes uniformes, une douzaine de chemises et un objet complet de chacun de mes habillements, et généralement tout ce qui sert à ma toilette.

5º Mon lavabo.

6º Une petite pendule qui est dans ma chambre à coucher de Longwood.

7º Mes deux montres et la chaîne de cheveux de l'impératrice.

8º Je charge Marchand, mon premier valet de chambre, de garder ces objets et de les remettre à mon fils lorsqu'il aura seize ans.

IV.

1º Mon médailler.

2º Mon argenterie et ma porcelaine du Sèvres, dont j'ai fait usage à Sainte-Hélène : états *B* et *C*.

3º Je charge le comte Montholon de garder ces objets et de les remettre à mon fils quand il aura seize ans.

V.

1º Mes trois selles et brides, mes éperons qui m'ont servi à Sainte-Hélène.

2º Mes fusils de chasse, au nombre de cinq.

3º Je charge mon chasseur Noverraz de garder ces objets et de les remettre à mon fils quand il aura seize ans.

VI.

1º Quatre cents volumes choisis dans ma bibliothèque parmi ceux qui ont le plus servi à mon usage.

2º Je charge Saint-Denis de les garder, et de les remettre à mon fils quand il aura seize ans.

Signé, NAPOLÉON.

ÉTAT **A.**

1º Il ne sera vendu aucun des effets qui m'ont servi. Le surplus sera partagé entre mes exécuteurs testamentaires et mes frères.

2º Marchand conservera mes cheveux, et en fera faire un bracelet avec un petit cadenas en or, pour être envoyé à l'impératrice Marie-Louise, à ma mère et à chacun de mes frères et sœurs, neveux, nièces, au cardinal, et un plus considérable pour mon fils.

3º Marchand enverra une de mes paires de boucles à souliers, en or, au prince Joseph.

4º Une petite paire de boucles en or à jarretières au prince Lucien.

5º Une boucle de col en or au prince Jérôme.

5º Une boucle de col en or au prince Jérôme.

ÉTAT A.

nventaire de mes effets que Marchand doit garder pour remettre à mon fils.

1º Mon nécessaire d'argent, celui qui est sur ma table, garni de tous ses ustensiles, rasoirs, etc.

2º Mon réveille-matin. C'est le réveille-matin de Frédéric II, que j'ai pris à Postdam (dans la boîte nº III).

3º Mes deux montres avec les chaînes des cheveux de l'impératrice, et une chaîne de mes cheveux pour l'autre montre. Marchand la fera faire à Paris.

4º Mes deux sceaux (un de France renfermé dans la boîte nº III).

5º La petite pendule dorée qui est actuellement dans ma chambre à coucher.

6º Mon lavabo, son pot à eau et son pied.

7º Mes tables de nuit, celles qui me servaient en France, et mon bidet de vermeil.

8º Mes deux lits de fer, mes matelas et mes couvertures, s'ils se peuvent conserver.

9º Mes trois flacons d'argent où l'on mettait mon eau-de-vie, que portaient mes chasseurs en campagne.

10º Ma lunette de France.

11º Mes éperons, deux paires.

12º Trois boîtes d'acajou, n. I, II, III, renfermant mes tabatières et autres objets.

13º Une cassolette en vermeil.

Linge de toilette.

6 Chemises.

6 Mouchoirs.
6 Cravates.
6 Serviettes.
6 Paires de bas de soie.
4 Cols noirs.
6 Paires de chaussettes.
2 Paires de draps de batiste.
2 Taies d'oreiller.
2 Robes de chambre.
2 Pantalons de nuit.
1 Paire de bretelles.
4 Culottes - vestes de casimir blanc.
6 Madras.
6 Gilets de flanelle.
4 Caleçons.
6 Paires de gants.
1 Petite boîte pleine de mon tabac.

1 Boucle de col en or
1 Paire de boucles à jarretière en or.   renfermées dans la petite boîte nº III.
1 Paire de boucles en or à souliers.

Habillement.

1 Uniforme de chasseur.
Idem de grenadier.
Idem de garde national.
1 Capote grise et verte.
1 Manteau bleu (celui que j'avais à Marengo).
1 Zibeline-pelisse verte.
2 Paires de souliers.
2 Paires de bottes.
1 Paire de pantoufles.
6 Ceinturons.

ÉTAT B.

Inventaire des effets que j'ai laissés chez M. le comte de Turenne.

1 Sabre de Sobieski (1).
1 Grand collier de la Légion-d'Honneur.
1 Épée de vermeil.
1 Glaive de consul.
1 Épée en fer.
1 Ceinturon de velours.
1 Collier de la Toison-d'Or.

1 Petit nécessaire en acier.
1 Veilleuse en argent.
1 Poignée de sabre antique.
1 Chapeau à la Henri IV et une toque, les dentelles de l'Empereur.
1 Petit médailler.
2 Tapis turcs.
2 Manteaux de velours cramoisi

(1) C'est par erreur que ce sabre est porté sur l'état A. Celui-là est le sabre que l'Empereur portait à Aboukir, et qui est entre les mains de M. le comte Bertrand.

brodés, avec vestes et culottes.

1° Je donne à mon fils :
Le sabre de Sobieski.
Le collier de la Légion-d'Honneur.
L'épée en vermeil.
Le glaive de consul.
L'épée en fer.
Le collier de la Toison-d'Or.
Le chapeau à la Henri IV et la toque.
Le nécessaire d'or pour les dents, resté chez le dentiste.

2° A l'impératrice Marie-Louise, mes dentelles.
A madame, la veilleuse en argent.
Au cardinal, le petit nécessaire en acier.
Au prince Eugène, le bougeoir en vermeil.

A la princesse Pauline, le petit médaillier.
A la reine de Naples, un petit tapis turc.
A la reine Hortense, un petit tapis turc.
Au prince Jérôme, la poignée de sabre antique.
Au prince Joseph, un manteau brodé, veste et culottes.
Au prince Lucien, un manteau brodé, veste et culottes.

NAPOLÉON.

Au dos des feuilles pliées et scellées, renfermant l'ensemble du Testament, se lisait :

« *Ceci est mon testament écrit tout entier de ma propre main.* »

Signé, NAPOLÉON.

Avril, le 16. — 1821, Longwood.

1° Je désire que mes cendres reposent sur les bords de la Seine, au milieu de ce peuple français que j'ai tant aimé.

2° Je lègue aux comtes Bertrand et Montholon, et à Marchand, l'argent, bijoux, argenterie, porcelaine, meubles, livres, armes, et généralement tout ce qui m'appartient dans l'île Sainte-Hélène (1).

(1) Le Testament et les Codicilles de l'Empereur ont été imprimés plusieurs fois, et se trouvent dans divers ouvrages; mais le plus souvent ils sont incomplets et dans un ordre interverti. La plupart des éditeurs ont négligé celui-ci. Surpris de trouver à l'article Ier la répétition littérale d'un paragraphe du Testament et de voir le second en contradiction manifeste avec le contenu de ce même Testament, et ne pouvant s'expliquer cette singularité, ils ont pensé qu'ils n'avaient rien de mieux à faire que d'éluder la difficulté qu'ils ne pouvaient résoudre, et l'ont laissée de côté. Toutefois, en voici l'explication bien simple. Le Testament était la pièce réelle et secrète, confiée aux soins des exécuteurs testamentaires, le présent Codicille, la pièce fictive et ostensible qui, présentée à sir Hudson Lowe, laissait les exécuteurs testamentaires en pleine liberté d'agir d'après leurs instructions. Sans cette précaution nécessaire, le gouverneur n'eût pas manqué de faire mettre les scellés sur tout ce qui appartenait à Napoléon, et l'eût fait transmettre en Europe à son gouvernement.

12

Ce codicille, tout entier écrit de ma main, est signé et scellé de mes armes.

Signé NAPOLÉON.

Au dos se lisait : « Ceci est un codicille de mon Testament, écrit tout de ma propre main. »

NAPOLÉON.

Ce 24 avril 1821. Longwood.

Ceci est mon Codicille, ou acte de ma dernière volonté.

Sur la liquidation de ma liste civile d'Italie, tels que argent, bijoux, argenterie, linge, meubles, écuries, dont le vice-roi est dépositaire, et qui m'appartiennent, je dispose de deux millions que je lègue à mes plus fidèles serviteurs. J'espère que, sans s'autoriser d'aucune raison, mon fils Eugène Napoléon les acquittera fidèlement. Il ne peut oublier les 40 millions que je lui a donnés soit en Italie, soit par le partage de la succession de sa mère.

1° Sur ces deux millions, je lègue au comte Bertrand 300,000 francs, dont il versera 100,000 dans la caisse du trésorier, pour être employée selon les dispositions à l'acquit de legs de conscience.

2' Au comte Montholon, 200,000, dont il versera 100,000 dans la caisse pour le même usage que ci-dessus.

3° Au comte Las-Cases, 200,000, dont il versera 100,000 dans la caisse pour le même usage que ci-dessus.

4° A Marchand, 100,000, dont il versera 50,000 à la caisse pour le même usage que ci-dessus.

5° Au comte Lavalette, 100,000.

6° Au général Hogendorf, Hollandais, mon aide-de-camp, réfugié au Brésil, 50,000 (cinquante mille francs).

7° A mon aide-de-camp Corbineau, 50,000.

8° A mon aide-de-camp Caffarelli, 50,000.

9° A mon aide-de-camp Dejean, 50,000.

10° A Percy, chirurgien en chef à Waterloo, 50,000.

11° 50,000, savoir : 10,000 à Pierron, mon maître-d'hôtel ; 10,000 à Saint-Denis, mon premier chasseur ; 10,000 à Noverraz ; 10,000 à Cursor, mon maître-d'office ; 10,000 à Archambaud, mon piqueur.

12° Au baron de Menneval, 50,000.

13° Au duc d'Istrie, fils de Bessières, 50,000.

14° A la fille de Duroc, 50,000.

15° Aux enfants de Labédoyère, 50,000.

16° Aux enfants de Mouton-Duvernet, 50,000.

17° Aux enfants du brave et vertueux général Travost, 50,000.

18° Aux enfants de Chartrand, 50,000.

19° Au général Cambronne, 50,000.

20° Au général Lefebvre-Desnouettes, 50,000.

21° Pour être répartis entre les proscrits qui errent en pays étrangers, Français, ou Italiens, ou Belges, ou Hollandais, ou Espagnols, ou des départements du Rhin, sur ordonnance de mes exécuteurs testamentaires, 100,000.

22° Pour être répartis entre les amputés ou blessés grièvement de Ligny, de Waterloo, encore vivants, sur des états dressés par mes exécuteurs testamentaires, auxquels seront adjoints Cambronne, Larrey, Percy et Emmery ; il sera donné double à la garde, quadruple à ceux de l'île d'Elbe, 200,000 francs.

Ce Codicille est écrit entièrement de ma propre main, signé et scellé de mes armes.

NAPOLÉON.

Au dos était écrit : « Ceci est mon Codicille, ou acte de ma dernière volonté, dont je recommande l'exacte exécution à mon fils Eugène Napoléon. Il est tout écrit de ma propre main.

« NAPOLÉON. »

Ce 24 avril 1821, à Longwood.

Ceci est un troisième Codicille à mon Testament du 15 avril.

1° Parmi les diamants de la couronne qui furent remis en 1814, il s'en trouvait pour 5 à 600,000 francs qui n'en étaient pas, et faisaient partie de mon avoir particulier. On les fera rentrer pour acquitter mes legs.

2° J'avais chez le banquier Torlonia, de Rome, 2 à 300,000 francs en lettres de change, produit de mes revenus de l'île d'Elbe ; depuis 1815, le sieur de Peyrusse, quoiqu'il ne fût plus mon trésorier et n'eût pas ce caractère, a tiré à lui cette somme : on la lui fera restituer (1).

3° Je lègue au duc d'Istrie trois cent mille francs,

---

(1) M. G. Peyrusse a justifié, par un Mémoire imprimé et par les déclarations authentiques de messieurs les exécuteurs testamentaires, insérées dans le *Moniteur* du 11 mai 1831, qu'il n'avait disposé d'aucune des sommes réalisées à la caisse du banquier Torlonia, et que l'article du Testament de l'empereur Napoléon le concernant avait été rédigé dans une supposition qui s'est ainsi trouvée sans fondement.

dont seulement cent mille reversibles à la veuve, si le duc était mort lors de l'exécution du legs. Je désire, si cela n'a aucun inconvénient, que le duc épouse la fille de Duroc.

4° Je lègue à la duchesse de Frioul, fille de Duroc, deux cent mille francs. Si elle était morte avant l'exécution du legs il ne sera rien donné à la m̃

5 je legue au général Rigaud, celui qui a été proscrit, cent mille francs.

6° Je lègue à Boisnod, commissaire ordonnateur, cent mille francs.

7° Je lègue aux enfants du général Letort, tué dans la campagne de 1815, cent mille francs.

8° Ces 800,000 francs de legs seront comme s'ils étaient portés à la suite de l'art. 36 de mon Testament, ce qui porterait à 6,400,000 francs la somme des legs dont je dispose par mon Testament, sans comprendre les donations faites par mon second Codicille.

Ceci est écrit de ma propre main, signé et scellé de mes armes.

NAPOLÉON.

Au dos se lisait : « Ceci est mon troisième Codicille à mon Testament, tout entier écrit de ma main, signé et scellé de mes armes.

« Sera ouvert le même jour, et immédiatement après l'ouverture de mon Testament.

« NAPOLÉON. »

Ce 24 avril 1821, Longwood.

Ceci est un quatrième Codicille à mon Testament.

Par les dispositions que nous avons faites précédemment, nous n'avons pas rempli toutes nos obligations, ce qui nous a décidé à faire ce quatrième Codicille.

1° Nous léguons au fils ou au petit-fils du baron Dutheil, lieutenant-général d'artillerie, ancien seigneur de Saint-André, qui a commandé l'école d'Auxonne avant la Révolution, la somme de cent mille francs (100,000), comme souvenir de reconnaissance pour les soins que ce brave général prit de nous lorsque nous étions, comme lieutenant et capitaine, sous ses ordres.

2ª *Idem* au fils ou petit-fils du général Dugommier, qui a commandé en chef l'armée de Toulon, la somme de cent mille francs (100,000). Nous avons sous ses ordres dirigé ce siége et commandé l'artillerie. C'est un témoignage de souvenir pour les marques d'estime, d'affection et d'amitié que nous a données ce brave et intrépide général.

3° *Idem*, nous léguons cent mille francs (100,000) au fils ou petit-fils du député à la Convention Gasparin, représentant du peuple à l'armée de Toulon, pour avoir protégé et sanctionné de son autorité le plan que nous avons donné, qui a valu la prise de cette ville, et qui était contraire à celui envoyé par le Comité de salut public. Gasparin nous a mis, par sa protection, à l'abri des persécutions de l'ignorance des états-majors qui commandaient l'armée avant l'arrivée de mon ami Dugommier.

4° *Idem*, nous léguons cent mille francs (100,000) à la veuve, fils ou petit-fils de notre aide-de-camp Muiron, tué à nos côtés à Arcole, nous couvrant de son corps (1).

_____

(1) Beaucoup ont écrit sur le caractère et les qualités de Napoléon, soit en attaque, soit en défense. Que ceux qui

5° *Idem* (10,000) dix mille francs au sous-officier Cantillon, qui a essuyé un procès comme prévenu d'avoir voulu assassiner lord Wellington, ce dont il a été déclaré innocent. Cantillon avait autant de droit d'assassiner cet oligarque que celui-ci de m'envoyer, pour y périr, sur le rocher de Sainte-Hélène. Wellington, qui a proposé cet attentat, cherchait à le justifier (1) sur l'intérêt de la Grande-Bretagne. Cantillon, si vraiment il eût assassiné le lord, se serait couvert et aurait été justifié par les mêmes motifs, l'intérêt de la France, de se défaire d'un général qui d'ailleurs avait violé la capitulation de Paris, et par là s'était rendu responsable du sang des martyrs Ney, Labédoyère, etc., et du crime d'a-

sont avides de données propres à les guider dans la vérité s'arrêtent sur ses derniers actes! Il n'est pas un paragraphe, une ligne de son Testament et de ses nombreux Codicilles, qui, dans leurs préambules et leurs détails, ne jettent de vives lumières, et ne se trouvent caractéristiques. Après les avoir lus soigneusement, on ne se demande plus s'il fut bon citoyen, bon époux, bon père, parent, ami affectionné; s'il fut sensible aux bienfaits, aux services qu'il reçut; s'il en perdit jamais le souvenir.

Le présent Codicille surtout est des plus touchants à cet égard; et combien de si précieux témoignages ne se trouvent-ils pas rehaussés encore par toutes les circonstances dont ils furent entourés! Napoléon touchait à sa fin, des douleurs aiguës le torturaient sans relâche, et c'est dans cette situation désespérée, dans un même instant, le même jour, qu'il trace avec cette dignité, cette précision, ce même esprit d'ordre et de calcul qui présidaient à ses décrets, ses quatre derniers Codicilles!!!

(1) Quelques-uns ont blâmé, dans ce quatrième Codicille, l'article du subalterne Cantillon, comme pouvant, suivant eux, être pris pour un sentiment de haine et avoisiner la justification du meurtre; mais nullement; et ce serait bien mal lire. Napoléon n'a voulu, au contraire, par une similitude frappante, que mieux constater un grand principe de morale, et faire ressortir plus énergiquement tout l'odieux du raisonnement, de la violence, de l'assassinat même, selon lui, employés contre sa personne.

voir dépouillé les musées, contre le texte des traités.

6° Ces 410,000 (quatre cent dix mille francs) seront ajoutés aux 6,400,000 dont nous avons disposé, et porteront nos legs à 6,810,000. Ces 410,000 rancs doivent être considérés comme faisant partie de notre Testament, article 36, et suivre en tout le même sort que les autres legs.

7° Les 9,000 livres sterling que nous avons données au comte et à la comtesse Montholon doivent, si elles ont été soldées, être déduites et portées en compte sur les legs que nous leur faisons par nos testaments; si elles n'ont pas été acquittées, nos billets seront annulés.

8° Moyennant les legs faits par notre Testament au comte Montholon, la pension de 20,000 francs accordée à sa femme est annulée : le comte Montholon est chargé de la lui payer.

9° L'administration d'une pareille succession, jusqu'à son entière liquidation, exigeant des frais de bureau, de courses, de missions, de consultations, de plaidoiries, nous entendons que nos exécuteurs testamentaires retiendront 3 p. 100 (trois pour cent) sur tous les legs, soit sur les 6,800,000 francs, soit sur les sommes portées dans les Codicilles, soit sur les 200,000 du domaine privé.

10° Les sommes provenant de ces retenues seront déposées dans les mains d'un trésorier, et dépensées sur mandat de nos exécuteurs testamentaires.

11° Si les sommes provenant des susdites retenues n'étaient pas suffisantes pour pourvoir aux frais, il y sera pourvu aux dépens des trois exécuteurs testamentaires et du trésorier, chacun dans la proportion du legs que nous lui avons fait par notre Testament et Codicille.

13º Nous nommons le comte de Las-Cases, et, à son défaut, son fils, et, à son défaut, le général Drouot, trésorier.

Ce présent Codicille est entièrement écrit de notre main, signé et scellé de nos armes.

Signé **NAPOLÉON.**

Ce 24 avril 1821, à Longwood.

Ceci est mon Codicille, ou acte de ma dernière volonté.

Sur les fonds remis en or à l'impératrice Marie-Louise, ma très chère et bien-aimée épouse, à Orléans, en 1814, elle reste me devoir deux millions, dont je dispose par le présent Codicille, afin de récompenser mes plus fidèles serviteurs que je recommande du reste à la protection de ma chère Marie-Louise.

1º Je recommande à l'impératrice de faire restituer au comte Bertrand les 30,000 francs de rente qu'il possède dans le duché de Parme et sur le Mont-Napoléon de Milan, ainsi que les arrérages échus.

2º Je lui fais la même recommandation pour le duc d'Istrie, la fille de Duroc, et autres de mes serviteurs qui me sont restés fidèles, et qui me sont toujours chers; elle les connaît.

3º Je lègue sur les 2,000,000 ci-dessus mentionnés, 300,000 francs au comte Bertrand, sur lesquels il versera 100,000 dans la caisse du trésorier pour être employés, selon mes dispositions, à des legs de conscience.

12º Si les sommes provenant des susdites retenues sont au-dessus des besoins, le restant sera partagé entre nos trois exécuteurs testamentaires et le
trésorier, dans le rapport de leurs legs respectifs.

4º Je lègue 200,000 au comte de Montholon, sur
lesquels il versera 100,000 dans la caisse du trésorier pour le même usage que ci-dessus.

5º *Idem* 200,000 au comte de Las-Cases, **sur**
lesquels il versera 100,000 dans la caisse du trésorier pour le même usage que ci-dessus.

6º *Idem*, à Marchand 100,000, sur lesquels il
versera 50,000 dans la caisse pour le même usage
que ci-dessus.

7º Au maire d'Ajaccio, au commencement de la
révolution, Jean-Jérôme Levie, ou à sa veuve, enfants ou petits-enfants, 100,000 francs.

8º A la fille de Duroc, 100,000.

9º Au fils de Bessières, duc d'Istrie, 100,000.

10º Au général Drouot, 100,000.

11º Au comte Lavalette, 100,000.

12º *Idem* 100,000, savoir: 25,000 à Pierron,
mon maître d'hôtel; 25,000 à Noverraz, mon chasseur; 25,000 à Saint-Denis, le garde de mes livres;
25,000 à Saintini, mon ancien huissier.

13º *Idem* 100,000, savoir: 40,000 à Planat, mon
officier d'ordonnance; 20,000 à Hébert, dernière-
ment concierge à Rambouillet, et qui était de ma
chambre en Égypte; à Lavigne, qui était dernière-
ment concierge d'une de mes écuries, et qui était
mon piqueur en Égypte; à Jeanet Dervieux, qui
était piqueur des écuries et me servait en Égypte.

14º Deux cent mille francs seront distribués en
aumônes aux habitants de Brienne-le-Château qui
ont le plus souffert.

15° Les 300,000 francs restants seront distribués aux officiers et soldats du bataillon de ma garde de l'île d'Elbe actuellement vivants, ou à leurs veuves et enfants, au prorata des appointements, et selon l'état qui en sera arrêté par mes exécuteurs testamentaires. Les amputés ou blessés grièvement auront le double. L'état en sera arrêté par Larrey et Emmery.

Ce Codicille est écrit tout de ma propre main, signé et scellé de mes armes.

NAPOLÉON.

Au dos était écrit : « Ceci est mon Codicille, ou acte de ma dernière volonté, dont je recommande l'exécution à ma très chère épouse l'impératrice Marie-Louise.

« *Signé* NAPOLÉON. »

EXPLICATION DU RÉBUS.

Aucun homme sur la terre nez (*n'est*) grand comme Napoléon

Les quatre anciens domestiques.

Au nombre des membres de la commission qui sont allés reconnaître et recueillir, à Sainte-Hélène, les dépouilles mortelles de l'Empereur étaient quatre des anciens domestiques de la maison impériale. Ces quatre vénérables et dignes serviteurs marchaient, au jour du convoi, immédiatement en avant du char. Au dire des assistants, en revoyant à Sainte-Hélène, au moment de l'ouverture du cercueil, leur maître si bien conservé, ils ont éprouvé une émotion telle qu'ils ont failli tomber sans connaissance.

Le vieux compagnon de Gloire.

La veille du jour où devait avoir lieu la cérémonie des funérailles de Napoléon, deux hommes en grande tenue demandaient à être admis à bord du navire sur lequel était déposé le corps de l'Empereur ; le plus âgé des deux hommes n'eut qu'à se nommer pour forcer la consigne. A peine arrivés devant le cercueil de Napoléon, il s'agenouilla respectueusement, et, se cachant la tête dans ses mains, il resta vingt-cinq minutes au pied du cercueil, plongé dans les méditations et dans le plus profond recueillement. On l'entendait seulement sangloter. Lorsque ce vénérable officier voulut se retirer, soit que l'émotion l'eut affaibli, il ne put se relever, et il se vit forcé d'appeler à son aide quelques marins. On reconnut alors le maréchal Soult. Il avait demandé instamment qu'il n'en fût pas parlé.

Adrien Béroul.

Le 15, à neuf heures du matin, Adrien Béroul, vieux soldat d'Austerlitz amputé de la jambe gauche, traversait la rue Saint-Honoré pour assister à la cérémonie funèbre, lorsqu'à peu de distance de la place du Palais-Royal, son pied ayant glissé, il tomba et brisa sa jambe de bois; relevé immédiatement, le vieux brave, hors d'état de continuer sa route, pleurait de désespoir. « Mon général, s'écriait-il, les camarades vont assister aux honneurs qu'on rend à vos cendres, et moi, venu exprès de dix lieues, je n'aurai pas ce bonheur faute de jambe pour me porter! — Vous vous trompez, lui dirent à la fois deux jeunes commis marchands de la rue Saint-Denis; si pour la gloire de la France vous avez perdu une de vos jambes, il nous reste des bras pour vous. » En prononçant ces dernières paroles, les deux jeunes gens placèrent le vieillard sur leurs mains entrelacées, et ils l'emportèrent, aux bravos de tous les spectateurs, sur la route que le convoi devait parcourir.

Le Larcin.

On connaît la vénération des invalides pour Napoléon; aussi le moindre objet qui a pu servir à l'Empereur, même d'une manière indirecte, est-il considéré par eux comme une relique précieuse. Lorsque le char funèbre arriva aux Invalides et que la bière où était déposés les restes mortels de l'Empereur fût enlevée, un tapis de drap violet, sur lequel cette bière reposait depuis Sainte-Hélène, fut mis de côté. Un vieil invalide, qui ne l'avait pas perdu de vue, s'approcha furtivement et parvint à s'en emparer ; mais on prévint de ce larcin un commissaire chargé de maintenir l'ordre dans cet endroit, et celui-ci ne prenant pas au sérieux le délit du vieux brave, voulut le forcer seulement à une restitution. Le pauvre invalide ne pouvait se résoudre à lâcher sa proie, et pendant la discussion qu'il avait avec le commissaire, un grand concours de monde s'était réuni autour d'eux. L'invalide, la larme à l'œil, tenait toujours un coin du tapis funéraire. A la fin, voyant que ses supplications étaient stériles, il tire un couteau de sa poche et tranche d'une manière frénétique un lambeau du tapis avec lequel il se sauve.

Cet exemple est à l'instant suivi par les spectateurs : toute la pièce de drap est en une seconde mise en morceaux, et ceux qui peuvent en avoir se sauvent avec leur conquête qu'ils commencent par porter simultanément à leurs lèvres. Force a été au commissaire de laisser s'accomplir cet acte de vénération, manifesté en mémoire du grand homme, et comme lui-même est un ancien officier qui garde dans son cœur un religieux souvenir de Napoléon, il a été fort heureux de garder en ses mains un dernier lambeau qu'il veut conserver comme relique.

Inscriptions de la salle de billard à Sainte-Hélène.

Mille inscriptions diverses et dix mille noms inconnus couvrent les murs de la salle de billard à

Sainte-Hélène. Il serait trop long de rapporter tous les anathèmes tracés au crayon contre Hudson-Lowe. Mais à droite, et au fond de la pièce, vous pouvez lire encore des lignes telles que celles-ci, dont M. Jacques Arago nous a conservé religieusement l'orthographe comme le sens :

« Après avoir été grenadier de la garde, Michel Robert s'est fait marin sur l'*Amélie*, afin de pouvoir saluer la demeure de son petit Caporal.

« ADIEU. »

Et ces autres :

« Je m'appelle Sigismond Blanchard : si je tenais le tigre Hudson-Lowe, je le mangerais. Ce serait un mauvais repas. Signé, moi, Blanchard, caporal de l'ex-garde. »

FIN

Imp. Renou et Maulde

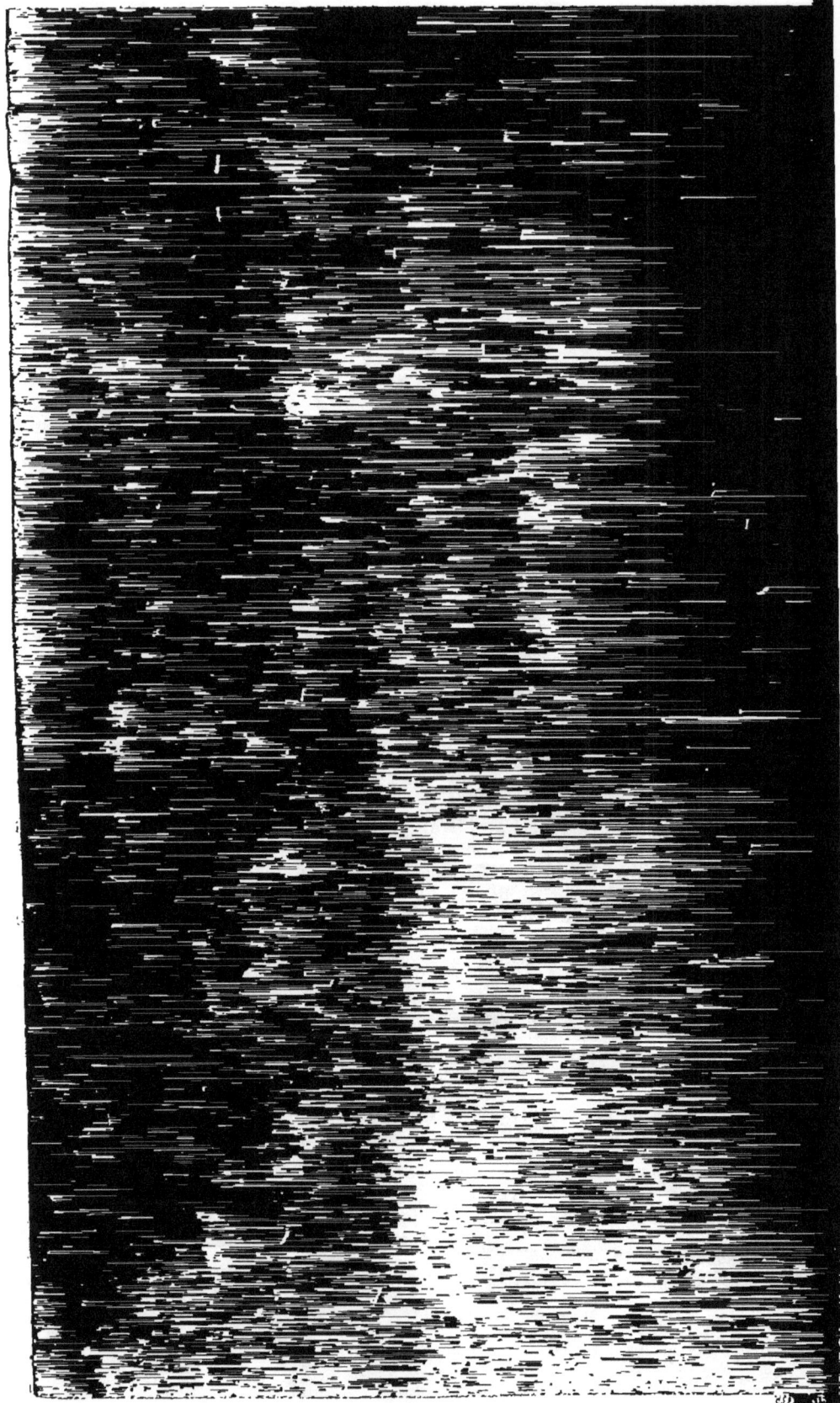

www.ingramcontent.com/pod-product-compliance
Lightning Source LLC
Chambersburg PA
CBHW071953090426
42740CB00011B/1924